미래와 통하는 책

동양북스 외국어 베스트 도서

700만 독자의 선택!

새로운 도서, 다양한 자료 동양북스 홈페이지에서 만나보세요!

www.dongyangbooks.com
m.dongyangbooks.com

※ 학습자료 및 MP3 제공 여부는 도서마다 상이하므로 확인 후 이용 바랍니다.

홈페이지 도서 자료실에서 학습자료 및 MP3 무료 다운로드

PC

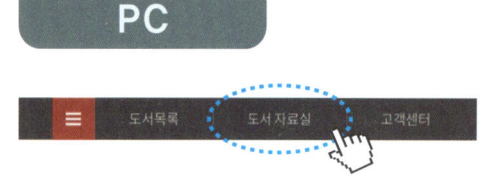

❶ 홈페이지 접속 후 도서 자료실 클릭
❷ 하단 검색 창에 검색어 입력
❸ MP3, 정답과 해설, 부가자료 등 첨부파일 다운로드
  * 원하는 자료가 없는 경우 '요청하기' 클릭!

MOBILE

* 반드시 '인터넷, Safari, Chrome' App을 이용하여 홈페이지에 접속해주세요. (네이버, 다음 App 이용 시 첨부파일의 확장자명이 변경되어 저장되는 오류가 발생할 수 있습니다.)

❶ 홈페이지 접속 후 ≡ 터치

❷ 도서 자료실 터치

❸ 하단 검색창에 검색어 입력
❹ MP3, 정답과 해설, 부가자료 등 첨부파일 다운로드
  * 압축 해제 방법은 '다운로드 Tip' 참고

집중 중국어

김태순, 안영희, 동양북스 교재개발연구소 지음
朱小健, 李大遂 감수

STEP 1

중국어뱅크
집중 중국어 1

초판 23쇄 | 2025년 4월 5일

지은이 | 김태순, 안영희, 동양북스 교재개발연구소
발행인 | 김태웅
책임편집 | 김상현, 김수연
디자인 | 남은혜, 김지혜
마케팅 총괄 | 김철영
온라인 마케팅 | 신아연
제　작 | 현대순

발행처 | (주)동양북스
등　록 | 제 2014-000055호
주　소 | 서울시 마포구 동교로22길 14 (04030)
구입 문의 | 전화 (02)337-1737　팩스 (02)334-6624
내용 문의 | 전화 (02)337-1762　이메일 dymg98@naver.com

ISBN　979-11-5768-265-2　14720
ISBN　979-11-5768-264-5 (세트)

ⓒ 2017. 김태순·안영희·동양북스 교재개발연구소

▶ 본 책은 저작권법에 의해 보호를 받는 저작물이므로 무단 전재와 복제를 금합니다.
▶ 잘못된 책은 구입처에서 교환해드립니다.
▶ (주)동양북스에서는 소중한 원고, 새로운 기획을 기다리고 있습니다.
　　http://www.dongyangbooks.com

머리말

본 교재는

기초 내용 학습 → 본 내용 이해 → 중요 내용 연습 → 전체 내용 복습

이라는 과정으로 구성되었으며, 학습자들이 쉽고 체계적으로 중국어를 배우고 사용할 수 있도록 하였습니다. 1, 2권은 한국학생들이 베이징의 한 대학에서 유학 생활을 하며 일어나는 여러 가지 이야기를 24가지 상황으로 나누어 구성하였으며, 24개 주제에 적합한 기본 어휘, 어법 설명 등을 담았습니다. 이 책의 특징은 다음과 같습니다.

1. 발음 설명은 쉽고 자세하게
외국어 공부에 있어서 발음은 기본 중의 기본입니다. 이 책은 발음을 먼저 다지고 시작할 수 있도록 1권 앞부분에 발음 설명을 실었습니다. 전문용어의 사용은 최대한 피하고, 한국어 발음과 비교하여 쉽게 설명했습니다.

2. 일상 생활에서 바로 적용 가능한 실용적인 회화
일상 생활에서 자주 발생하는 상황들을 선정하여 자연스러운 회화를 구성했습니다. 본문뿐만 아니라 연습 문제 및 워크북, 어법 설명에 나오는 문장들도 일상에서 자주 쓰이는 내용으로 선정하였기 때문에, 반복되는 학습으로 바로 일상회화를 구사할 수 있습니다.

3. 어법 설명은 최소한으로
어법 설명은 본문을 이해하는 데 도움이 될 정도로만 간략하게 정리했습니다. 개념에 대한 설명은 최소화하고, 어휘 또는 예문을 통해서 이해하도록 했습니다.

4. 반복학습을 통한 자연스러운 습득
대부분의 어휘와 어법 항목을 한 권에서 두세 번 이상 반복해서 공부할 수 있도록 배치했습니다. 차례대로 공부하다 보면 이전에 나왔던 항목들을 복습할 수 있기 때문에 차근차근 공부하며 중국어를 확실히 익힐 수 있습니다.

5. 주제별 보충단어로 어휘 실력 향상
각 과마다 본문과 관련된 보충단어를 주제별로 그림과 함께 12개씩 실었습니다. 이 부분은 어휘량 향상에 많은 도움이 될 것입니다.

쉽고 재미있으면서도 꾸준히 공부하다 보면 어느새 실력을 쑥쑥 높여줄 교재를 만들기 위해 노력하였습니다. 아무쪼록 이 교재가 학습자 여러분의 중국어 실력 향상에 큰 도움이 되기를 바랍니다.

저자 드림

차례

머리말 · 3
차례 · 4
학습내용 · 6
이 책의 구성 · 8
일러두기 · 12

중국어의 특징 및 발음 · 14

UNIT 01 **你好！** 안녕하세요! · 36

UNIT 02 **我是韩国人。** 나는 한국인입니다. · 48

UNIT 03 **你叫什么名字?** 당신의 이름은 무엇입니까? · 62

UNIT 04 **这是什么?** 이것은 무엇입니까? · 76

UNIT 05 **你家有几口人?** 가족이 몇 명이에요? · 90

UNIT 06 **你做什么工作?** 당신은 무슨 일을 합니까? · 104

복습 01~06 · 118

UNIT 07 今天几月几号? 오늘은 몇 월 며칠입니까? · 128

UNIT 08 现在几点? 지금 몇 시입니까? · 142

UNIT 09 图书馆在哪儿? 도서관이 어디에 있습니까? · 156

UNIT 10 多少钱? 얼마예요? · 170

UNIT 11 明天做什么? 내일 뭐 해요? · 184

UNIT 12 你想吃什么? 당신은 무엇을 먹고 싶습니까? · 198

복습 07~12 · 212

본문 해석 및 정답 · 223
색인 · 234

학습 내용

주제	중국어 기본 표현	주요 어법	사진으로 배우는 중국 문화
중국어의 특징 및 발음	성조, 성모, 운모	• 중국어의 특징 • 중국어 성조 • 중국어 발음 • 성조 변화	
UNIT 01 **你好!** 안녕하세요!	你好！/ 再见！/ 你好吗？	• 인칭대사 • 기본 인사 표현 • 안부 묻기	중국의 영토에 대해 알아보세요.
UNIT 02 **我是韩国人。** 나는 한국인입니다.	你是中国人吗？/ 我是韩国人。/ 你是哪国人？	• 是자문 • 부사 也 / 都 • 국적 묻기	중국의 소수민족에 대해 알아보세요.
UNIT 03 **你叫什么名字?** 당신의 이름은 무엇입니까?	你叫什么名字？/ 您贵姓？/ 她是谁？/ 认识你，很高兴。	• 이름 묻고 답하기 • 의문사 什么 / 谁	중국의 외래어 표기에 대해 알아보세요.
UNIT 04 **这是什么?** 이것은 무엇입니까?	这是什么？/ 这是谁的书？/ 那个是不是你的？	• 지시대사 这 / 那 • 소유격 조사 的 • 정반의문문 是不是 • 주변 사물에 대해 묻고 답하기	중국의 아침 공원 풍경에 대해 알아보세요.
UNIT 05 **你家有几口人?** 가족이 몇 명이에요?	你家有几口人？/ 你家有什么人？/ 你哥哥有没有女朋友？	• 숫자 읽기 • 양사 • 有자문 • 가족 구성원 묻고 소개하기	중국의 가족 구성에 대해 알아보세요.
UNIT 06 **你做什么工作?** 당신은 무슨 일을 합니까?	你做什么工作？/ 你在哪儿工作？/ 你工作忙吗？	• 개사 在 • 중국어 단어의 품사 • 추측을 나타내는 조사 吧 • 不의 성조 변화 연습 • 직업에 대해 묻고 답하기	중국인들의 아침 식사에 대해 알아보세요.
복습 01~06	01~06과 주요 단어, 회화, 어법 복습 및 체크		

주제	중국어 기본 표현	주요 어법	사진으로 배우는 중국 문화
UNIT 07 **今天几月几号?** 오늘은 몇 월 며칠입니까?	今天几月几号? / 她今年多大? / 明天是星期六吧?	• 날짜 표현 • 나이를 묻는 표현 • 요일 표현 • 명사술어문	중국인들이 좋아하는 숫자에 대해 알아보세요.
UNIT 08 **现在几点?** 지금 몇 시입니까?	现在几点? / 你去哪儿? / 我去上课。	• 시간 표현 • 연동문 • 명령/권유를 나타내는 조사 吧 • 여러 가지 인사 표현 • 어디 가는지 묻고 답하기	중국의 전통 시간 개념에 대해 알아보세요.
UNIT 09 **图书馆在哪儿?** 도서관이 어디에 있습니까?	图书馆在哪儿? / 这附近有超市吗? / 去公园怎么走?	• 방위사 • 在사 有의 차이 • 去…怎么走? • 就…了 • 길을 묻는 표현	중국의 도시 구획에 대해 알아보세요.
UNIT 10 **多少钱?** 얼마예요?	太贵了，便宜点儿吧。/ 苹果多少钱一斤? / 西瓜怎么卖?	• 금액 표현 • 太…了 • 吧의 여러 가지 용법 • 물건 사고 가격 흥정하기	중국의 화폐에 대해 알아보세요.
UNIT 11 **明天做什么?** 내일 뭐 해요?	你明天做什么? / 我要去买衣服。/ 这件衣服怎么样?	• 조동사 想, 要, 可以 • 접속사 和, 跟 • 관형격 조사 的 • 동사의 중첩 • 약속 시간과 장소 정하기 • 옷 쇼핑하기	중국사람들이 좋아하는 색깔에 대해 알아보세요.
UNIT 12 **你想吃什么?** 당신은 무엇을 먹고 싶습니까?	快十二点了。/ 那儿的菜又好吃又便宜。	• 快…了 • '好 + 동사' 형식의 형용사 • 又…又… • 음식을 주문할 때 자주 쓰는 양사 • 식당에서 음식 주문하기	중국의 요리에 대해 알아보세요.
복습 07~12	07~12과 주요 단어, 회화, 어법 복습 및 체크		

● 이 책의 구성 본책

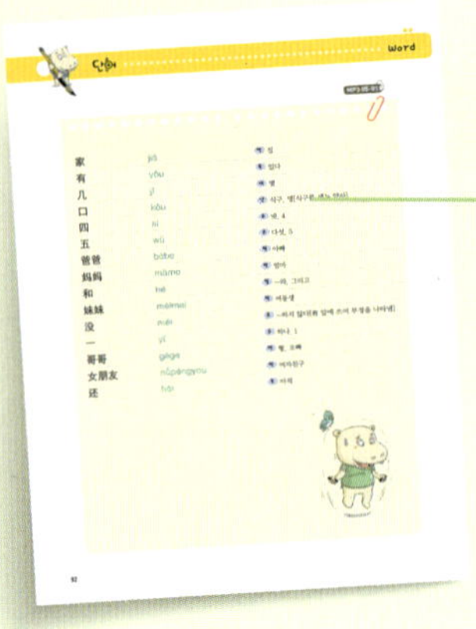

단어
단어를 익히며 회화를 예습해 보세요.

본문에 나오는 새단어를 정리했습니다.
단어를 미리 배우며, 문장을 만들어 보는 연습을 해 보세요.

문형연습
녹음을 들으며 문장 구조를 익혀보세요.

본문에 나오는 주요 문장을 문장 구조에 맞게
확장하면서 입으로 익혀보세요.

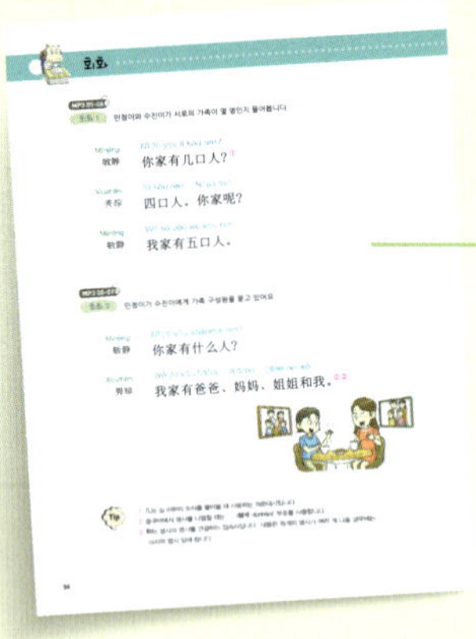

회화
녹음을 듣고 따라 읽으며 반복 학습을 해 보세요.

실제 회화에서 자주 사용하는 표현을 중심으로
정리하였습니다. 아래 Tip으로 보충설명을
정리하였으니 문장을 더 쉽게 이해하세요.

어법
주요 핵심어법을 학습하며 회화를 이해하세요.

본문에서 꼭 다루어야 할 어법을 이해하기 쉽도록
많은 예문과 함께 설명했습니다. 반드시 익히세요.

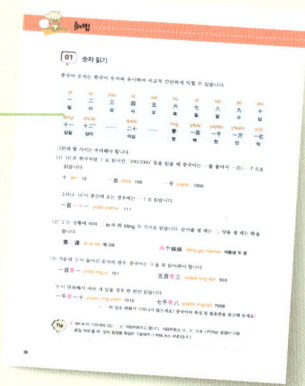

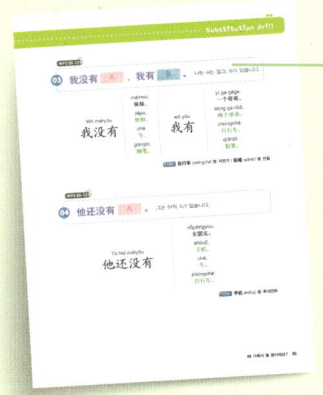

교체연습

단어를 교체하며 새로운 문장을 배워 보세요.

회화에 나오는 주요 문장 중에서 반드시 알아야 할 문장만 선별했습니다. 새로운 단어로 교체하며 확장 연습을 해 보세요.

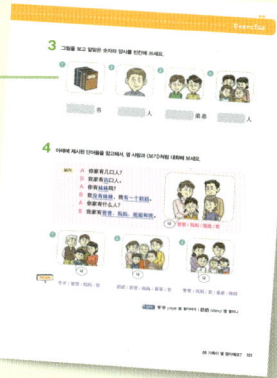

연습문제

본문과 관련된 문제를 풀고 실력을 높여 보세요.

본문과 관련된 듣기, 읽기, 쓰기 문제를 풀어보고, 복습을 해 보세요.

더 배워 볼까요?

본문과 관련된 보충단어를 익히고 외워 보세요.

본문 주제와 관련된 단어를 추가로 정리했습니다. 사진 또는 그림과 함께 확인해 보세요.

사진으로 배우는 중국문화

중국에 관한 재미있는 문화와 이야기를 사진과 함께 정리했습니다.

9

● 이 책의 구성 워크북

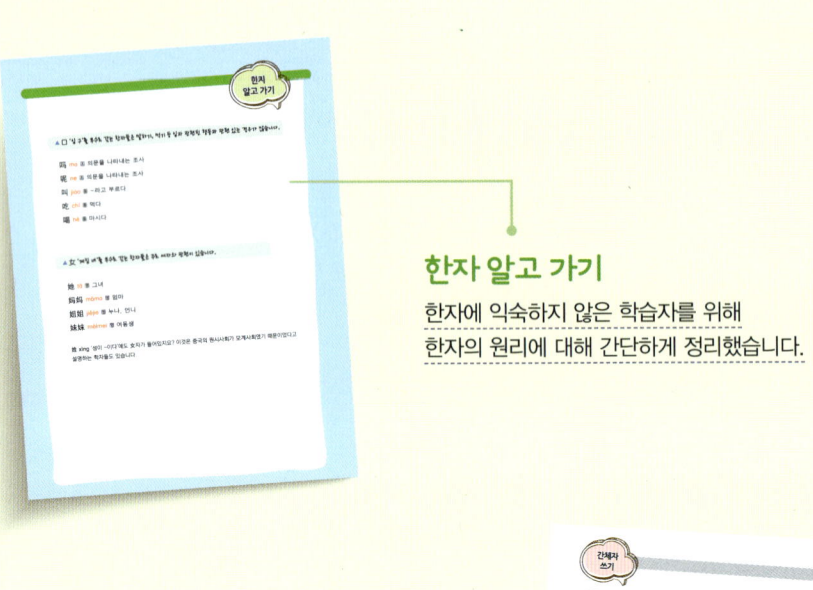

한자 알고 가기
한자에 익숙하지 않은 학습자를 위해
한자의 원리에 대해 간단하게 정리했습니다.

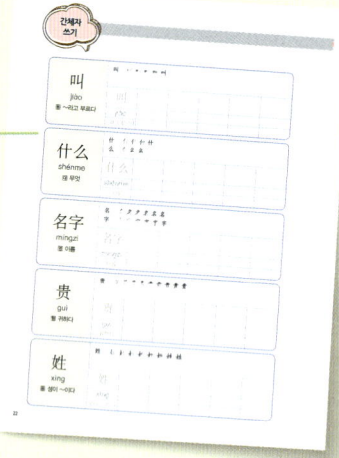

간체자 쓰기
본책에 나오는 새단어를 선별하여
획순을 정리했습니다. 단어 뜻도 써 보면서
간체자 쓰기 연습을 해 보세요.

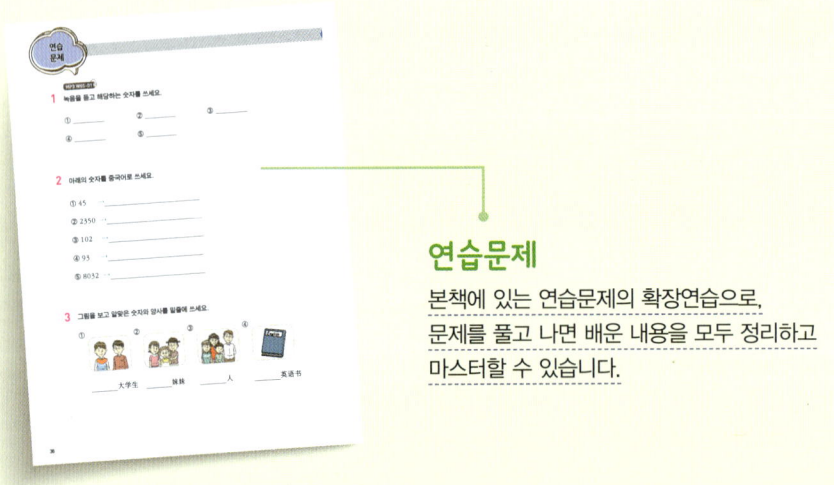

연습문제
본책에 있는 연습문제의 확장연습으로,
문제를 풀고 나면 배운 내용을 모두 정리하고
마스터할 수 있습니다.

● 이 책의 구성 별책 부록

만점 짜리 별책 부록은 동양북스 홈페이지 www.dongyangbooks.com 자료실에서 다운로드 받으실 수 있으며, 휴대하고 다니면서 학습할 수 있도록 제공되는 자료입니다.

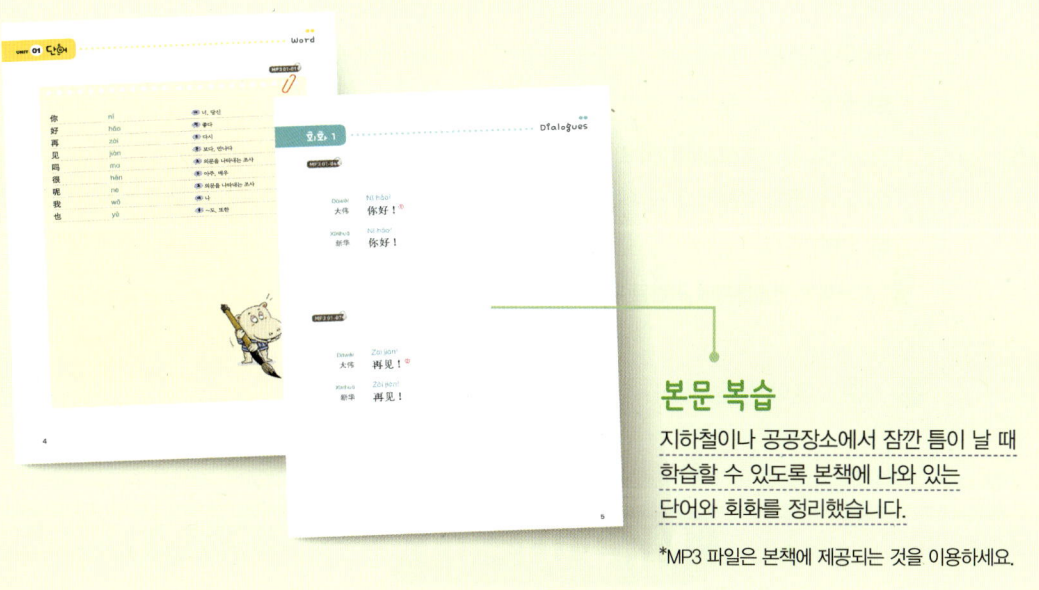

본문 복습
지하철이나 공공장소에서 잠깐 틈이 날 때 학습할 수 있도록 본책에 나와 있는 단어와 회화를 정리했습니다.

*MP3 파일은 본책에 제공되는 것을 이용하세요.

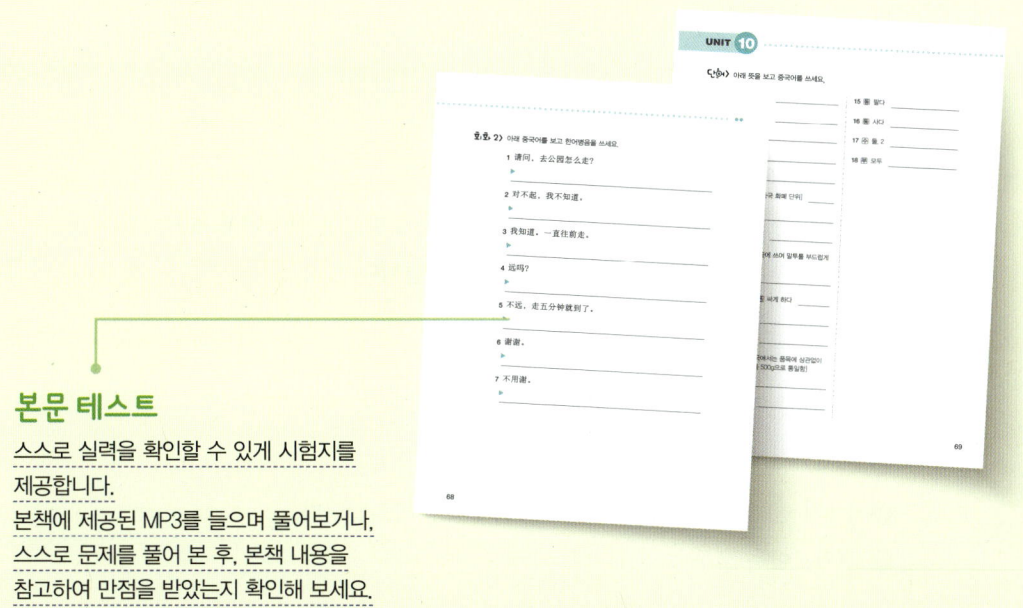

본문 테스트
스스로 실력을 확인할 수 있게 시험지를 제공합니다.
본책에 제공된 MP3를 들으며 풀어보거나, 스스로 문제를 풀어 본 후, 본책 내용을 참고하여 만점을 받았는지 확인해 보세요.

● 일러두기

01 MP3 사용법 일러두기

① 본책 MP3 구성

트랙번호는 아래 구성별로 교재에 기재되어 있습니다.

- ❶ **단어**　　녹음을 들으며 새단어를 따라 읽어 보세요.
- ❷ **문형연습**　확장되는 문장을 들으며 따라 읽어 보세요.
- ❸ **회화**　　문장을 들으며 따라 읽은 후, 다시 반복해서 들으며 내용을 정리해 보세요.
- ❹ **교체연습**　새로운 단어를 교체하며 읽어 주는 문장을 듣고 따라 읽어 보세요.
- ❺ **연습문제**　녹음을 듣고 문제를 풀어 보세요.

* 워크북은 연습문제에 관련된 파일만 있습니다.

② MP3 트랙번호

* 워크북 트랙번호는 MP3 W01-01로 되어 있습니다.

02 교재 표기 방법 일러두기

① 고유명사 및 인명 표기

중국의 지명, 관광명소, 요리, 중국 인명은 중국어 발음을 한국어로 표기하였지만, 널리 알려진 고유명사는 한자발음으로 표기했습니다.

② 한어병음 띄어쓰기

- ❶ 이합동사는 모두 붙였습니다.
- ❷ 품사가 없는 단어는 의미에 맞게 띄었고, 조사 또한 모두 띄었습니다.
- ❸ 4개의 단어로 된 [성어], [명사] 등은 2개씩 띄었습니다.
- ❹ 결과보어는 모두 붙였습니다.

❸ 단어의 품사약어

명사	명	개사	개	인칭대사		어기조사	
동사	동	형용사	형	의문대사	대	시태조사	조
부사	부	조동사	조동	지시대사		구조조사	
수사	수	접속사	접	수량사	수량	고유명사	고유
양사	양	감탄사	감				

03 등장인물 및 배경 소개

베이징의 한 캠퍼스. 한국 유학생들이 중국에 유학을 가서 생활하는 모습을 담았습니다.

김수진
金秀珍 Jīn Xiùzhēn
한국인, 21살 대학생

박민정
朴敏静 Piáo Mǐnjìng
한국인, 22살 대학생

한정호
韩正浩 Hán Zhènghào
한국인, 24살 대학생

장따웨이
张大伟 Zhāng Dàwěi
중국인, 24살 대학생

리우신화
刘新华 Liú Xīnhuá
중국인, 23살 대학생

우시
吴希 Wú Xī
중국인, 20살 대학생

리징징
李晶晶 Lǐ Jīngjīng
중국인, 23살 대학생

왕린
王林 Wáng Lín
중국인, 선생님

중국어의 특징 및 발음

- 중국어의 특징
- 중국어 성조
- 중국어 발음
- 성조 변화

● 중국어의 특징

01 중국어란?

우리가 '중국어'라고 부르는 언어는 중국에서는 한족 汉族 Hànzú의 언어를 뜻하는 '한어 汉语 Hànyǔ'라고 불립니다. 중국은 다양한 민족으로 구성된 나라이기 때문에, 한 나라 안에서 여러 언어가 쓰이고 있기 때문이죠. 그 중에서도 우리가 배울 것은 표준중국어인 '보통화 普通话 pǔtōnghuà'입니다. 보통화는 베이징의 음을 표준발음으로 하고, 북방 방언을 기초로 하며, 모범적인 현대 백화문 白话文 báihuàwén으로 쓰인 작품의 문법을 바탕으로 만들어졌습니다.

02 간체자: 중국에서 쓰는 한자

중국에서는 우리나라에서 쓰는 한자와 조금 다른 한자를 사용합니다. 중국정부는 1956년부터 지금까지, 전체 한자 중에서 약 2,200여 개 글자의 획수를 줄여 간략하게 만들었습니다. 이렇게 획수가 줄어 사용이 편리해진 한자를 '간체자 简体字 jiǎntǐzì'라고 하고, 획수가 복잡한 기존의 한자를 '번체자 繁体字 fántǐzì'라고 합니다. 중국 대륙에서는 간체자를 사용하고, 타이완(대만)과 홍콩에서는 번체자를 사용합니다.

03 한어병음방안: 중국어 발음 표기법

중국어는 뜻글자인 한자로 기록하기 때문에, 한자의 발음을 표기할 방법이 필요합니다. 그래서 마련된 것이 '한어병음방안 汉语拼音方案 Hànyǔpīnyīn fāng'àn'입니다. 한어병음방안에서는 알파벳을 이용해 발음을 표시하고, 그 위에 성조 기호를 붙입니다.

04 중국어 어법의 주요 특징

중국어가 가진 어법적 특징은 매우 많지만, 그 중에서 학습자들에게 가장 크게 다가오는 특징으로 두 가지를 꼽을 수 있습니다. 바로 어순과 형태변화의 문제인데요, 아래 문장을 통해서 살펴 보겠습니다.

> 나는 그를 사랑한다.
> 我爱他。
> I love him.

> 그는 나를 사랑한다.
> 他爱我。
> He loves me.

★ 어순

먼저, 어순을 보면 한국어는 '주어 + 목적어 + 동사'의 순서인데, 중국어는 영어와 마찬가지로 '주어 + 동사 + 목적어' 순서입니다.

★ 형태변화

형태변화라는 것은 단어의 모양이 상황에 따라 변한다는 겁니다. 위의 영어 문장을 보면 '나/그'를 의미하는 단어가 주격/목적격일 때 I → me / He → him으로, 동사 'love'가 주어의 변화에 따라 love → loves로 변하지요?

그런데 중국어는 격이나 시제 등에 따라 명사, 동사 등이 변하지 않습니다. 한국어처럼 '는', '를' 등의 조사와 '-다' 등의 어미가 발달하지도 않았고요.

형태변화가 없고, 조사나 어미 등의 활용도 없으니 중국어의 초급과정에서는 어법 때문에 어려움을 겪을 일이 적습니다. 대신 중고급으로 올라가면 어법이 꽤 어려워집니다.

중국어 성조

01 성조 MP3 00-01

중국어는 음절마다 성조가 있어서, 발음이 같은 음절도 성조가 다르면 다른 의미를 나타냅니다. 표준 중국어에는 기본적으로 네 가지 성조가 있습니다.

* 녹음을 듣고 따라 읽어 보세요. MP3 00-02

| yī 一 일 | èr 二 이 | sān 三 삼 | sì 四 사 | wǔ 五 오 | liù 六 육 | qī 七 칠 | bā 八 팔 | jiǔ 九 구 | shí 十 십 |

02 경성 MP3 00-03

원래의 성조가 없어지고 가볍고 짧게 소리나는 경우가 있는데, 이러한 소리를 '경성'이라고 합니다. 경성은 항상 다른 성조의 뒤에 오며, 성조 표시를 하지 않습니다.

03 반 3성 MP3 00-04

경성 연습에서 나오는 nǎinai 奶奶 '할머니'를 잘 들어 보면, 앞의 nǎi가 3성 연습에 나오는 mǎ 马 '말'만큼 내려갔다가 올라가지 않고, 조금 덜 올라가지요? nǎinai처럼 3성 음절 뒤에 3성을 제외한 다른 음절이 오면, 3성을 온전히 발음하지 않고 끝부분을 덜 올립니다. 그래서 이런 3성을 앞부분만 온전히 발음한다는 의미로 '반 3성'이라고 합니다.

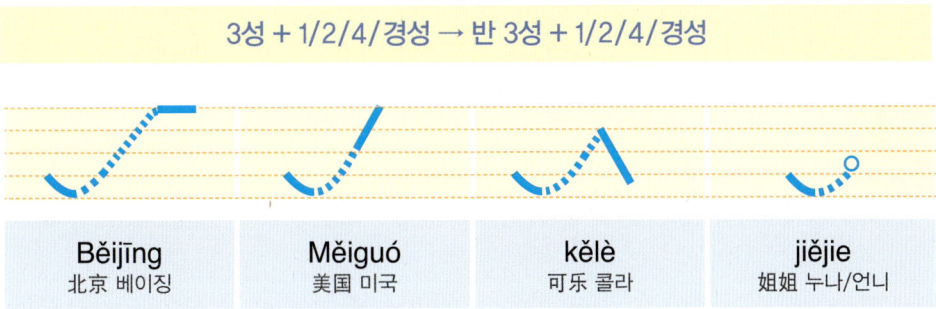

3성 + 1/2/4/경성 → 반 3성 + 1/2/4/경성

| Běijīng | Měiguó | kělè | jiějie |
| 北京 베이징 | 美国 미국 | 可乐 콜라 | 姐姐 누나/언니 |

04 성조 표기 규칙

(1) 성조는 단운모(모음) 위에 표시합니다. 단운모가 여러 개 있을 경우에는 입이 가장 크게 벌어지는 단운모 위에 표시합니다.

$$a > o, e > i, u, ü$$

예 gāo 高   tóu 头   běi 北   xiǎo 小

(2) ui나 iu의 경우에는 뒤의 단운모에 성조 표시를 합니다.
예 xiū 休   guì 贵

(3) i 위에 성조 표시를 해야 할 때는 점을 없애고, 그 자리에 성조를 표시합니다.
예 yī 一   míng 名   bǐ 笔   sì 四

● 중국어 발음

성모와 운모

중국어는 알파벳을 사용하여 발음을 표기합니다. 그런데 같은 알파벳이라도 영어와는 발음이 다른 경우가 많아 중국어 발음을 따로 외워야 합니다.

(1) **성모**(声母 shēngmǔ) MP3 00-05

우리말의 자음과 비슷합니다. 성모는 음절의 앞부분에 옵니다.

b	p	m	f
d	t	n	l
g	k	h	
j	q	x	
z	c	s	
zh	ch	sh	r

(2) **운모**(韵母 yùnmǔ) MP3 00-06

성모와 결합하여 음절의 뒷부분을 이루는 요소입니다. 우리말의 모음과 '모음 + 일부 받침 (ㄴ/ㅇ)'에 해당합니다.

a	o	e	i	u	ü
ai	ei	ao	ou		
ia	ie	ua	uo	üe	
iao	iou(iu)	uai	uei(ui)		
an	en	ang	eng	ong	
in	ian	iang	ing	iong	
uan	uen(un)	uang	ueng		
ün	üan				
er					

01 운모 ❶ 단운모 MP3 00-07

단운모는 하나의 모음으로 구성된 운모로, 모두 6개입니다. 중국어 단운모는 한국어 모음보다 강하고 분명하게 발음합니다.

a	'아'처럼 발음하는데, '아'보다 입을 더 크게 벌리고 발음합니다. 예 bā 八 여덟 dà 大 크다
o	'오'처럼 발음하는데, '오'보다 입을 둥글게 만듭니다. 예 bōli 玻璃 유리 mófǎ 魔法 마법
e	'으어'처럼 발음합니다. '으'를 거의 들리지 않게 짧게 발음한 후, '어'를 발음합니다. 예 gēge 哥哥 형(오빠) è 饿 배고프다
i	'이'처럼 발음하는데, '이'보다 입술을 양쪽으로 잡아당기듯이 발음합니다. i 앞에 성모가 없을 경우, yi로 표기합니다. 예 yī 一 일 dìdi 弟弟 남동생
u	'우'처럼 발음하는데, '우'보다 입술을 더 작고 둥글게 만듭니다. u 앞에 성모가 없을 경우, wu로 표기합니다. 예 wǔ 五 다섯, 5 yīfu 衣服 옷
ü	'위'처럼 발음하는데, 처음부터 끝까지 입모양을 일정하게 유지시킵니다. ü 앞에 성모가 없을 경우, yu로 표기하고, j/q/x 뒤에 올 때는 u로 표기합니다. 예 yǔ 雨 비 lǘ 驴 나귀 qù 去 가다

● 중국어 발음

02 성모 MP3 00-08

성모를 읽을 때는 뒤에 모음을 붙여서 읽습니다.

b/p/m/f 는 입술을 이용하여 내는 소리로, 뒤에 o를 붙여서 읽습니다.

b	'ㅃ'나 'ㅂ'처럼 발음합니다.① 예 bàba 爸爸 아빠 bǐ 笔 펜
p	'ㅍ'처럼 발음합니다. 예 pífū 皮肤 피부 pútao 葡萄 포도
m	'ㅁ'처럼 발음합니다. 예 māma 妈妈 엄마 mǐ 米 쌀
f	영어 'f'처럼 발음합니다. 예 fàn 饭 밥 fùxí 复习 복습

① 중국어에는 된소리와 예사소리의 구분이 없습니다. 그래서 b 같은 경우는 'ㅃ/ㅂ', d 같은 경우는 'ㄸ/ㄷ' 두 가지로 소리가 납니다. 한국어 발음에서 된소리와 예사소리의 구분이 있는 음은 주로 1, 4성일 때는 된소리, 2, 3성일 때는 예사소리로 발음합니다.

d/t/n/l 는 혀끝을 윗잇몸에 붙였다가 가볍게 떼면서 내는 소리로, 뒤에 e를 붙여서 읽습니다.

d	'ㄸ'나 'ㄷ'처럼 발음합니다. 예 dìdi 弟弟 남동생 dú 读 읽다
t	'ㅌ'처럼 발음합니다. 예 tā 他 그(남자) tài 太 너무
n	'ㄴ'처럼 발음합니다. 예 nǐ 你 너, 당신 nà ge 那个 저것, 그것

l	'콜라'에서 '라'의 'ㄹ'과 발음이 비슷합니다. '콜'같이 'ㄹ' 받침이 있는 글자를 먼저 발음하는 것처럼 혀를 윗잇몸에 붙인 상태로 'ㄹ'를 발음합니다. 예 lái 来 오다 lǎo 老 늙다

g/k/h는 혀뿌리를 부드러운 입천장에 대면서 내는 소리로, 뒤에 e를 붙여서 읽습니다.

g	'ㄲ'나 'ㄱ'처럼 발음합니다. 예 gāo 高 높다 guójiā 国家 국가
k	'ㅋ'처럼 발음합니다. 예 kàn 看 보다 kè 课 수업
h	'ㅎ'처럼 발음하는데, 'ㅎ'를 발음할 때보다 목을 더 긴장시키고 발음합니다. 예 hē 喝 마시다 Hánguó 韩国 한국[2]

[2] 국가명, 지명, 인명 등의 고유명사는 Hánguó처럼 첫 글자를 대문자로 씁니다.

j/q/x는 혀의 앞면을 딱딱한 입천장에 대면서 내는 소리로, 뒤에 i를 붙여서 읽습니다.

j	'ㅉ'나 'ㅈ'처럼 발음합니다. 예 jiàn 见 보다, 만나다 jǐ 几 몇 júzi 橘子 귤[3]
q	'ㅊ'처럼 발음합니다. 예 qǐlái 起来 일어나다 qù 去 가다
x	'ㅆ'나 'ㅅ'처럼 발음합니다. 예 xiàwǔ 下午 오후 dōngxi 东西 물건

[3] j/q/x는 u와는 결합하지 않고, ü와만 결합합니다. 그래서 표기상의 편의를 위해, jü는 → ju로 qü는 → qu로 xü는 → xu로 씁니다. ju는 '쥐', qu는 '취', xu는 '쉬'로 발음합니다.

중국어 발음

z/c/s는 혀끝과 치아를 이용해 내는 소리로, 뒤에 -i를 붙여서 읽습니다. ==z/c/s 뒤에 오는 -i는 표기상으로는 i와 같지만, 소리는 '으'와 비슷합니다.==

z	혀끝을 아랫니 뒤쪽에 댄 상태로 'ㅉ'나 'ㅈ'를 발음합니다. 예 zìjǐ 自己 자기 fùzá 复杂 복잡하다
c	혀끝을 아랫니 뒤쪽에 댄 상태로 'ㅊ'를 발음합니다. 예 cāntīng 餐厅 음식점 cù 醋 식초 xiàcì 下次 다음 번
s	z/c보다는 혀끝이 살짝 올라간 상태에서 'ㅆ'처럼 발음합니다. 영어의 's'와 비슷한 소리입니다. 예 sān 三 삼 sì 四 사

zh/ch/sh/r는 혀끝을 윗잇몸 뒤쪽의 딱딱한 부분에 대고 내는 소리로, 혀가 말린다고 하여 '권설음'이라고 합니다. 혀가 수저 모양처럼 살짝 둥글게 말리기는 하지만, ==혀끝은 뒤로 말지 않습니다.== zh/ch/sh/r도 뒤에 -i(으)를 붙여서 읽습니다.

zh	혀끝을 윗잇몸 뒤쪽의 딱딱한 부분에 대고 'ㅉ'나 'ㅈ' 소리를 냅니다. 예 zhè ge 这个 이것 zhāng 张 장(넓고 편평한 물체를 세는 단위)
ch	zh를 발음하는 것과 같은 방식으로 'ㅊ'를 발음합니다. 예 chá 茶 차(음료) chē 车 차(교통수단) chī 吃 먹다
sh	zh를 발음하는 것과 같은 방식으로 'ㅆ'나 'ㅅ'를 발음합니다. 예 shū 书 책 shì 是 ~이다
r	zh를 발음하는 것과 같은 방식으로 'ㄹ'를 발음합니다. 예 rén 人 사람 Rìběn 日本 일본

성모\운모	a	o	e	i	u	ü
성모가 없을 때	a	o	e	yi	wu	yu
b	ba	bo		bi	bu	
p	pa	po		pi	pu	
m	ma	mo	me	mi	mu	
f	fa	fo			fu	
d	da		de	di	du	
t	ta		te	ti	tu	
n	na		ne	ni	nu	nü
l	la	lo	le	li	lu	lü
g	ga		ge		gu	
k	ka		ke		ku	
h	ha		he		hu	
j				ji		ju
q				qi		qu
x				xi		xu
z	za		ze	zi	zu	
c	ca		ce	ci	cu	
s	sa		se	si	su	
zh	zha		zhe	zhi	zhu	
ch	cha		che	chi	chu	
sh	sha		she	shi	shu	
r			re	ri	ru	

- 앞에 성모가 없을 때 y나 w를 추가해 표기합니다.
- ü 대신 u로 표기합니다.
- i로 써 있지만 '으'처럼 읽습니다.

표에 빈칸이 많죠? 성모와 단운모가 결합되어 만드는 음 중에서, 표준어에 사용되는 것은 위의 표에 쓰인 음이 전부입니다.

● 중국어 발음

03 운모❷ 복운모 MP3 00-09

복운모는 두 개 이상의 모음이나, '모음 + n/ng'로 이루어진 운모입니다. 여러 개의 모음으로 구성되어 있더라도 하나의 음절처럼 연결해서 소리내야 합니다. 그리고 뒤에 n/ng가 붙은 운모는 한국어 ㄴ/ㅇ 받침보다 콧소리가 더 많이 나도록 발음합니다.

> **Tip** 'a/e/o' 등은 복운모에서 '아/어/오' 이외의 다른 음으로도 읽힐 수 있으니 주의하세요.

ai	'**아이**'처럼 발음합니다. 입을 크게 벌리고 '아'를 발음한 뒤 '이'를 약하게 발음합니다. 예 ài 爱 사랑하다 mǎi 买 사다
ao	'**아오**'처럼 발음합니다. 예 hǎo 好 좋다 lǎoshī 老师 선생님
an	입을 크게 벌리고 '**안**'처럼 발음합니다. '-n/ng'로 끝나는 음은 한국어보다 비음을 더 소리내어 주세요. 예 bàn 半 반(1/2) sān 三 삼, 3
ang	입을 크게 벌리고 '**앙**'처럼 발음합니다. 예 máng 忙 바쁘다 yínháng 银行 은행
ei	'**에이**'처럼 발음합니다. 예 Běijīng 北京 베이징 mèimei 妹妹 여동생
en	'**으언**'처럼 발음합니다. '으'는 거의 들리지 않게 짧게 발음합니다. 예 hěn 很 매우 fēn 分 분(시간의 단위)
eng	'**으엉**'처럼 발음합니다. '으'는 거의 들리지 않게 짧게 발음합니다. 예 děng 等 기다리다 fēng 风 바람

i로 시작하는 복운모는 앞에 성모가 없을 때 i를 y로 바꿔서 표기하거나, i앞에 y를 추가합니다.

ia	'이**야**'처럼 발음합니다. (앞에 성모가 없을 때 표기법: ia → ya) 예 yāzi 鸭子 오리 jiā 家 집
ie	'이**에**'처럼 발음합니다. (ie → ye) 예 yéye 爷爷 할아버지 jiějie 姐姐 언니, 누나
iao	'이**야오**'처럼 발음합니다. (iao → yao) 예 yào 要 원하다 piàoliang 漂亮 예쁘다
iou **(iu)**	'이**요우**'와 '이**여우**'의 중간처럼 발음합니다. (iou → you) iou 앞에 성모가 있을 때는 가운데 o를 빼고 iu만 표기합니다. 이럴 경우, 가운데 o 발음이 약해져서 '이우'처럼 들리기도 합니다. 예 yǒu 有 있다 jiǔ 九 구, 9
ian	'이**엔**'처럼 발음합니다. (ian → yan) 예 yánsè 颜色 색깔 qián 钱 돈
iang	'이**양**'처럼 발음합니다. (iang → yang) 예 yáng 羊 양 xiǎng 想 ~하고 싶다
in	'인'처럼 발음합니다. (in → yin) 예 yīnyuè 音乐 음악 jìn 近 가깝다
ing	'잉'처럼 발음합니다. (ing → ying) 예 Yīngyǔ 英语 영어 Běijīng 北京 베이징
iong	'이**용**'과 '이**융**'의 중간처럼 발음합니다. (iong → yong) 예 yóuyǒng 游泳 수영 xiōngdì 兄弟 형제

● 중국어 발음

ou	'오우'와 '어우'의 중간으로 발음합니다. 예 ǒu 藕 연근　dōu 都 모두
ong	'옹'과 '웅'의 중간으로 발음합니다. 예 Zhōngguó 中国 중국　hóngsè 红色 붉은색

u로 시작하는 복운모는 앞에 성모가 없을 때 u를 w로 바꿔서 표기합니다.

ua	'우와'처럼 발음합니다. (앞에 성모가 없을 때: ua → wa) 예 wàzi 袜子 양말　guāfēng 刮风 바람이 불다
uo	'우워' 또는 '우어'처럼 발음합니다. (uo → wo) 예 wǒ 我 나　duō 多 많다
uai	'우와이'처럼 발음합니다. (uai → wai) 예 wàiguó 外国 외국　kuài 快 빠르다
uan	'우완'처럼 발음합니다. (uan → wan) 예 wǎnshang 晚上 저녁　duǎn 短 짧다
uang	'우왕'처럼 발음합니다. (uang → wang) 예 wáng 王 왕　huángsè 黄色 노란색
uei (ui)	'우웨이'처럼 발음합니다. (uei → wei) uei 앞에 성모가 있을 때는 가운데 e를 빼고 ui만 표기합니다. 예 wéi 喂 여보세요[전화 걸 때 쓰는 말]　guì 贵 비싸다
uen (un)	'우원'처럼 발음하는데, '원'보다 입을 양옆으로 벌립니다. (uen → wen) uen 앞에 성모가 있을 때는 가운데 e를 빼고 un만 표기합니다. 이 경우, 가운데 e 발음이 약해져서 '운'에 가깝게 들리기도 합니다. 예 wèntí 问题 문제　zhǔnbèi 准备 준비하다

| ueng | '우웡'처럼 발음하는데, '웡'보다 입을 양옆으로 벌립니다. (ueng → weng)
예 wēng 翁 노인 |

ü로 시작하는 복운모는 앞에 성모가 없을 때 ü를 yu로 바꿔서 표기합니다. 앞에 j / q / x가 올 경우, ü를 u로 바꾸어 표기합니다.

| üe | '위에'처럼 발음합니다. (앞에 성모가 없을 때: üe → yue)
예 yuè 月 월   xuéxí 学习 공부하다 |

| üan | '위엔'처럼 발음합니다. (üan → yuan)
예 yuánlái 原来 원래   xuǎnzé 选择 선택하다 |

| ün | '윈'처럼 발음하는데, 처음부터 끝까지 입모양을 유지합니다. (ün → yun)
예 yùndòng 运动 운동   jūnduì 军队 군대 |

er은 혀를 말고 발음한다고 해서 '권설운모'라고 불립니다.

| er | '어얼'처럼 발음하는데, '어' 발음은 거의 들리지 않습니다. 혀를 수저 모양처럼 살짝 말고, 혀끝이 입천장에 닿지 않도록 해야 합니다.
예 èr 二 이, 2   érzi 儿子 아들 |

● 성모와 복운모 배합표

앞에 성모가 없을 경우 앞에 y를 추가하거나, i 대신 y를 씁니다.

운모 성모	ai	ao	an	ang	ei	en	eng	ia	ie	iao	iou (iu)	ian	iang	in
성모가 없을 때	ai	ao	an	ang	ei	en	eng	ya	ye	yao	you	yan	yang	yin
b	bai	bao	ban	bang	bei	ben	beng		bie	biao		bian		bin
p	pai	pao	pan	pang	pei	pen	peng		pie	piao		pian		pin
m	mai	mao	man	mang	mei	men	meng		mie	miao	miu	mian		min
f			fan	fang	fei	fen	feng							
d	dai	dao	dan	dang	dei	den	deng		die	diao	diu	dian		
t	tai	tao	tan	tang			teng		tie	tiao		tian		
n	nai	nao	nan	nang	nei	nen	neng		nie	niao	niu	nian	niang	nin
l	lai	lao	lan	lang	lei		leng	lia	lie	liao	liu	lian	liang	lin
g	gai	gao	gan	gang	gei	gen	geng							
k	kai	kao	kan	kang	kei	ken	keng							
h	hai	hao	han	hang	hei	hen	heng							
j								jia	jie	jiao	jiu	jian	jiang	jin
q								qia	qie	qiao	qiu	qian	qiang	qin
x								xia	xie	xiao	xiu	xian	xiang	xin
z	zai	zao	zan	zang	zei	zen	zeng							
c	cai	cao	can	cang		cen	ceng							
s	sai	sao	san	sang		sen	seng							
zh	zhai	zhao	zhan	zhang	zhei	zhen	zheng							
ch	chai	chao	chan	chang		chen	cheng							
sh	shai	shao	shan	shang	shei	shen	sheng							
r		rao	ran	rang		ren	reng							

iou에서 o를 빼고 iu로 씁니다.

중국어의 특징 및 발음   31

ing	iong	ou	ong	ua	uo	uai	uan	uang	uei (ui)	uen (un)	ueng	üe	üan	ün	er
ying	yong	ou		wa	wo	wai	wan	wang	wei	wen	weng	yue	yuan	yun	er
bing															
ping		pou													
ming		mou													
		fou													
ding		dou	dong		duo		duan		dui	dun					
ting		tou	tong		tuo		tuan		tui	tun					
ning		nou	nong		nuo		nuan					nüe			
ling		lou	long		luo		luan			lun		lüe			
		gou	gong	gua	guo	guai	guan	guang	gui	gun					
		kou	kong	kua	kuo	kuai	kuan	kuang	kui	kun					
		hou	hong	hua	huo	huai	huan	huang	hui	hun					
jing	jiong											jue	juan	jun	
qing	qiong											que	quan	qun	
xing	xiong											xue	xuan	xun	
		zou	zong		zuo		zuan		zui	zun					
		cou	cong		cuo		cuan		cui	cun					
		sou	song		suo		suan		sui	sun					
		zhou	zhong	zhua	zhuo	zhuai	zhuan	zhuang	zhui	zhun					
		chou	chong	chua	chuo	chuai	chuan	chuang	chui	chun					
		shou		shua	shuo	shuai	shuan	shuang	shui	shun					
		rou	rong	rua	ruo		ruan		rui	run					

u를 w로 씁니다.

ü를 yu로 씁니다.

ü를 u로 씁니다.

uei에서 e를 빼고 ui로 씁니다.

uen에서 e를 빼고 un으로 씁니다.

● 중국어 발음 연습

아래 단어를 듣고 따라 읽어 보세요.

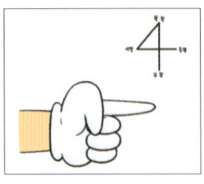
dōng
东 동

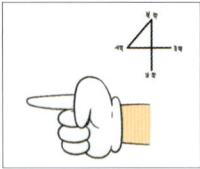
xī
西 서

nán
南 남

běi
北 북

duō
多 많다

shǎo
少 적다

shuǐ
水 물

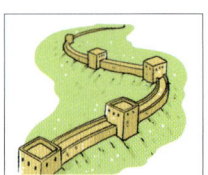
cháng
长 길다

hē
喝 마시다

jiàn
见 보다, 만나다

chúshī
厨师 요리사

cōngming
聪明 똑똑하다

diànyǐng
电影 영화

gāoxìng
高兴 기쁘다

hēisè
黑色 검은색

lǜchá
绿茶 녹차

shēngrì
生日 생일

suānnǎi
酸奶 요구르트

Tàiguó
泰国 태국

yīfu
衣服 옷

niúnǎi
牛奶 우유

píngguǒ
苹果 사과

qīzi
妻子 아내

qǐchuáng
起床 일어나다

yǐzi
椅子 의자

yóujú
邮局 우체국

qiānbǐ
铅笔 연필

bówùguǎn
博物馆 박물관

chūzūchē
出租车 택시

dàxuéshēng
大学生 대학생

Fēilǜbīn
菲律宾 필리핀

huǒchēzhàn
火车站 기차역

nǚpéngyou
女朋友 여자친구

xīngqīliù
星期六 토요일

zìxíngchē
自行车 자전거

간단한 회화 MP3 00-11

Xièxie!	谢谢!	감사합니다.
Bú kèqi.	不客气。	별말씀을요.
Duìbuqǐ.	对不起。	죄송합니다.
Méi guānxi.	没关系。	괜찮습니다.

● 중국어 성조 변화

중국어는 글자마다 고유한 성조가 있다고 배웠죠?
그런데 성조가 변하는 경우가 몇 가지 있어서 알아 두어야 합니다.

01 **3성의 성조 변화**

3성 뒤에 3성이 연이어 나올 경우, 앞의 3성이 2성으로 바뀝니다. 하지만 원래 3성인 글자가 2성으로 바뀌어 소리가 날 때에도 성조는 3성으로 표기합니다.

> ˇ   ˇ   →   ╱   ˇ
> nǐ hǎo   你 好   안녕하세요

02 **一의 성조 변화**

一 yī는 원래 1성이지만, 뒤에 오는 글자의 성조에 따라 성조가 변합니다. 一는 성조가 변할 경우 변한 성조로 표기합니다.

(1) 一 뒤에 다른 글자가 없을 때, 一가 서수일 때: 1성으로 발음
   예) xīngqīyī 星期一 월요일   dì yī kè 第一课 제1과

(2) 一 + 1, 2, 3성 : 4성으로 발음
   예) yìqiān 一千 천   yì píng 一瓶 한 병   yìqǐ 一起 같이

(3) 一 + 4성, 본래 4성이었으나 경성으로 변한 글자 : 2성으로 발음
   예) yíhuìr 一会儿 곧, 잠시 후   yí ge 一个 한 개

03 不의 성조 변화

不 bù는 원래 4성이지만, 뒤에 4성인 글자가 올 경우 2성으로 바뀝니다. 不는 성조가 변할 경우 변한 성조로 표기합니다.

(1) 不 + 1, 2, 3성 : 4성으로 발음

   예 bù chī 不吃 안 먹다   bù lái 不来 안 오다   bù hǎo 不好 좋지 않다

(2) 不 + 4성 : 2성으로 발음

   예 bú qù 不去 안 가다   bú shì 不是 아니다

• 그림을 보고 이번 과에서 다루어질 내용을 생각해 보세요!

UNIT 01

Nǐ hǎo!
你好！
안녕하세요!

학습 목표
- 인칭대사
- 기본 인사 표현
- 안부 묻기

단어　　　　　　　　　　　　　　　　Word

你	nǐ	대 너, 당신
好	hǎo	형 좋다
再	zài	부 다시
见	jiàn	동 보다, 만나다
吗	ma	조 의문을 나타내는 조사
很	hěn	부 아주, 매우
呢	ne	조 의문을 나타내는 조사
我	wǒ	대 나
也	yě	부 ~도, 또한

문형연습 — Sentence

MP3 01-02

1. 안녕하세요!

nǐ
hǎo
Nǐ hǎo!
你好！

MP3 01-03

2. 안녕히 계세요(가세요)!

zài
jiàn
Zài jiàn!
再见！

MP3 01-04

3. 잘 지내세요?

hǎo
hǎo ma
Nǐ hǎo ma?
你好吗？

MP3 01-05

4. 저도 잘 지내요.

hǎo
hěn hǎo
Wǒ yě hěn hǎo.
我也很好。

회화

MP3 01-06

회화 1 새학기가 시작되어, 학교에서 친구들을 만나 인사를 해요.

大伟 Dàwěi　Nǐ hǎo!
你好！①

新华 Xīnhuá　Nǐ hǎo!
你好！

MP3 01-07

회화 2 친구들과 헤어지는 인사를 해요.

大伟 Dàwěi　Zài jiàn!
再见！②

新华 Xīnhuá　Zài jiàn!
再见！

 Tip
① 첫 번째 你好！는 끝부분의 억양을 올리고, 두 번째 你好！는 대답하는 느낌으로 끝부분을 내립니다.
② 再见！은 헤어질 때 가장 많이 쓰는 인사말입니다. 직역하면 '다시 봅시다'라는 뜻으로, '안녕히 계세요(가세요)/잘 가'에 해당됩니다.

Dialogues

MP3 01-08

회화 3 신화와 징징이 서로의 안부를 묻고 있어요.

Xīnhuá Nǐ hǎo ma?
新华   你好吗?

Jīngjīng Hěn hǎo. Nǐ ne?
晶晶   很好。③ 你呢?④

Xīnhuá Wǒ yě hěn hǎo.
新华   我也很好。⑤

Tip
③ 중국어 마침표는 한국어 마침표와 다르게 생겼죠? 중국어 문장은 띄어쓰기도 없습니다.
④ 명사 뒤에 呢?를 붙이면 '~는(요)?'라는 의문문이 됩니다.
⑤ 我也很好처럼 3성이 연달아 나오면 앞에 있는 3성은 다 2성으로 읽어야 할까요?
  그렇지 않습니다. 끊어 읽기에 따라서 '3성 + 3성'의 조합도 끊어집니다.
  wǒ yě hěn hǎo의 경우, wǒ yě / hěn hǎo로 끊어지기 때문에, wǒ와 hěn이 2성이 됩니다.

어법 · Grammar

01 인칭대사

중국어 인칭대사의 종류는 다음과 같습니다. 영어와 달리, 중국어 인칭대사는 격에 따른 형태 변화가 없어서, 주격, 소유격, 목적격 등을 따로 외울 필요가 없습니다.

	단수	복수
1인칭	我 wǒ 나	我们 wǒmen 우리
2인칭	你 nǐ 너 您 nín 당신[존칭]	你们 nǐmen 너희들, 당신들
3인칭	他 tā 그 她 tā 그녀 它 tā 그것	他们 tāmen 그들 (남자 또는 남녀 모두를 지칭) 她们 tāmen 그녀들 它们 tāmen 그것들

한국어의 '들'에 해당하며, 복수를 나타내는 접미사 们은 일반적으로 사람을 가리키는 명사 뒤에만 오고, 사물을 가리키는 명사 뒤에는 쓸 수 없습니다. 它 '그것', 它们 '그것들'은 동물이나 사물을 가리키는 것으로 주로 문어에서 쓰이고, 구어에서는 많이 쓰이지 않습니다.

学生们 (O)
xuéshengmen 학생들

书们 (X)
shūmen 책들

02 你好！/ 你好吗?

你好！는 '안녕하세요!', '안녕!'에 해당하는 인사말로, 상대방이 你好！라고 하면, 你好！라고 똑같이 인사합니다.

你好吗? 는 '잘 지내세요?', '잘 지내?'에 해당하는 인사말로, 상대방이 你好吗? 라고 물어볼 경우, 很好。'잘 지내요.'처럼 자신의 상태에 대해 설명합니다.

Nǐ hǎo!
A: 你好！(기본 인사)
Nǐ hǎo!
B: 你好！

Nǐ hǎo ma?
A: 你好吗? (안부 인사)
Hěn hǎo.
B: 很好。

교체연습 — Substitution drill

  MP3 01-09

01 A 好！ A(상대방의 호칭) 안녕하세요!

好 앞에 你 대신 다른 인칭대사나 상대방의 호칭을 붙여서 쓸 수도 있습니다.

Nǐ
你

Dàjiā
大家

Lǎoshī
老师

Lǎoshī, nín
老师，您

hǎo!
好！

🔖 단어   大家 dàjiā 명 여러분 | 老师 lǎoshī 명 선생님 | 您 nín 대 당신[존칭]

  MP3 01-10

02 A 见！ A(시간)에 봐요!

见 앞에 再 대신 시간을 나타내는 말을 붙여서 '~에 봐요!'라고 쓸 수도 있습니다.

Zài
再

Wǎnshang
晚上

Yíhuìr
一会儿

Xiàcì
下次

jiàn!
见！

🔖 단어   晚上 wǎnshang 명 저녁 | 一会儿 yíhuìr 수량 곧, 잠시 후 |
下次 xiàcì 명 다음 번

연습문제

1 🎧 MP3 01-11

녹음을 듣고 성조를 표시해 보세요.

① mang
② xiao
③ shei
④ san

⑤ dou
⑥ shi
⑦ kan
⑧ han

2 🎧 MP3 01-12

녹음을 듣고 빈칸에 운모와 성조를 표시해 보세요.

① d___ xué
② shénm___
③ zh___ ge
④ g___ ge

⑤ w___ men
⑥ B___ jīng
⑦ Yīngg___
⑧ g___ xìng

Exercise

3 녹음을 듣고 빈칸에 들어갈 한어병음을 쓰세요.

① Nǐ _____ ma?

② _____ hǎo!

③ Zài _____ !

④ _____ yě _____ hǎo.

4 녹음을 듣고 내용과 일치하는 그림을 고르세요.

더 배워 볼까요? 인칭대사

MP3 01-15

我 wǒ
나

我们 wǒmen
우리

你 nǐ
너

您 nín
당신[존칭]

你们 nǐmen
너희들

他 tā
그

他们 tāmen
그들

她 tā
그녀

她们 tāmen
그녀들

它 tā
그것

它们 tāmen
그것들

咱们 zánmen
우리(듣는 사람을 반드시 포함해야 함)

중국의 영토에 대해 알아보세요.

중국의 영토는 약 959만 ㎢로 러시아, 캐나다, 미국에 이어 전 세계에서 네 번째로 큽니다. 한국의 약 96배, 한반도의 약 44배에 해당하는 면적이지요. 인구는 약 13억 6,700만 명으로 세계 1위이며, 한국의 약 28배입니다.

중국의 행정구역은 23개의 성, 5개의 자치구(네이멍구, 광시, 시짱, 닝샤, 신장), 4개의 직할시(베이징, 티엔진, 상하이, 충칭), 2개의 특별행정구(홍콩, 마카오)로 나뉩니다.

● 그림을 보고 이번 과에서 다루어질 내용을 생각해 보세요!

UNIT 02

Wǒ shì Hánguórén.

我是韩国人。

나는 한국인입니다.

학습 목표
- 是자문
- 부사 也/都
- 국적 묻기

단어 Word

是	shì	동	~이다
国	guó	명	나라
人	rén	명	사람
中国人	Zhōngguórén	명	중국인
不	bù	부	~하지 않다[동사나 형용사 앞에 쓰여 부정을 나타냄]
美国人	Měiguórén	명	미국인
哪	nǎ	대	어느
哪国人	nǎ guó rén		어느 나라 사람
韩国人	Hánguórén	명	한국인
你们	nǐmen	대	너희들
大学生	dàxuéshēng	명	대학생
我们	wǒmen	대	우리들
都	dōu	부	모두

문형연습 — Sentence

1 나는 한국인입니다.

Hánguórén
shì Hánguórén
Wǒ shì Hánguórén.
我是韩国人。

2 당신은 중국인입니까?

Zhōngguórén ma
shì Zhōngguórén ma
Nǐ shì Zhōngguórén ma?
你是中国人吗?

3 그는 중국인이 아닙니다.

Zhōngguórén
bú shì Zhōngguórén
Tā bú shì Zhōngguórén.
他不是中国人。

4 당신은 어느 나라 사람입니까?

nǎ guó rén
shì nǎ guó rén
Nǐ shì nǎ guó rén?
你是哪国人?

회화

MP3 02-06

회화 1 베이징으로 언어연수를 온 민정이가 따웨이에게 국적을 물어보네요.

Mǐnjìng　　Nǐ shì Zhōngguórén ma?
敏静　　　你是中国人吗?

Dàwěi　　Shì, wǒ shì Zhōngguórén.
大伟　　 是，我是中国人。

MP3 02-07

회화 2 민정이가 따웨이에게 지나가는 사람이 중국인인지 물어봐요.

Mǐnjìng　　Tā yě shì Zhōngguórén ma?
敏静　　　他也是中国人吗?

Dàwěi　　Tā bú shì Zhōngguórén, tā shì Měiguórén.
大伟　　 他不是中国人，他是美国人。

Dialogues

MP3 02-08

회화 3   따웨이가 민정이의 국적을 물어봅니다.

Dàwěi / 大伟   Nǐ shì nǎ guó rén? / 你是哪国人？

Mǐnjìng / 敏静   Wǒ shì Hánguórén. / 我是韩国人。

MP3 02-09

회화 4   민정이가 따웨이와 그 친구들이 대학생인지 물어보고 있네요.

Mǐnjìng / 敏静   Nǐmen shì dàxuéshēng ma? / 你们是大学生吗？

Dàwěi / 大伟   Shì, wǒmen dōu shì dàxuéshēng. / 是，我们都是大学生。

어법

01 是자문

(1) '是자문'의 기본형은 'A是B(A는 B이다)'입니다.

> Wǒ shì Hánguórén.
> 我是韩国人。 나는 한국인입니다.

(2) 의문문을 만들 때는 문장 끝에 의문조사 吗를 붙입니다.

> Nǐ shì Hánguórén ma?
> 你是韩国人吗? 당신은 한국인입니까?

(3) 의문문 중에서 哪 '어느' 등과 같은 의문대사를 사용한 의문문은 吗를 쓰지 않습니다.

> Nǐ shì nǎ guó rén?
> 你是哪国人? 당신은 어느 나라 사람입니까?

是 뿐만 아니라 다른 동사나 형용사를 사용한 의문문도 똑같이 吗나 의문대사를 사용합니다.

> Nǐ hǎo ma?
> 你好吗? 잘 지내세요?

(4) 부정문을 만들 때는 是 앞에 부정부사 不를 붙입니다.

> Wǒ bú shì Hánguórén.
> 我不是韩国人。 나는 한국인이 아닙니다.

(5) 是를 사용하여 물었을 때, 是 '네', 不是/不 '아니요'라고 대답할 수 있습니다.

> Nǐ shì Hánguórén ma?
> A: 你是韩国人吗? 당신은 한국인입니까?
>
> Shì.
> B: 是。 네.
>
> Bú shì. / Bù.
> B: 不是。 / 不。 아니요.

Grammar

02 부사 也/都

也는 '또한', '~도', 都는 '모두'를 뜻하는 부사입니다. 부사는 동사나 형용사 앞에 옵니다.

Tā yě shì Zhōngguórén.
他也是中国人。 그도 중국인입니다.

Wǒ yě hěn hǎo.
我也很好。 나도 잘 지냅니다.

Wǒmen dōu shì dàxuéshēng.
我们都是大学生。 우리는 모두 대학생입니다.

중국인들의 발음 연습 놀이: 绕口令 ràokǒulìng (라오커우링)

중국은 나라가 넓은 만큼 방언도 다양한데, 방언을 쓰는 사람들에게는 표준어 발음이 까다로운 문제입니다. 그래서 '간장공장 공장장은……'과 비슷한 류의 발음 연습용 문장이 아주 많습니다. 아래 문장이 그 중 가장 대표적인 문장입니다.

Sì shì sì,	shí shì shí,	shísì shì shísì,	sìshí shì sìshí.
四是四,	十是十,	十四是十四,	四十是四十。
4는 4이고,	10은 10이고,	14는 14이고,	40은 40이다.

# 교체연습

MP3 02-10

01 是 。 A는 B입니다.

Wǒ 我		Hánguórén. 韩国人。
Tā 他	shì	Rìběnrén. 日本人。
Zhāng lǎoshī 张老师	是	Déguórén. 德国人。
Tā 她		liúxuéshēng. 留学生。

🔖 단어　日本人 Rìběnrén 명 일본인 | 德国人 Déguórén 명 독일인 | 她 tā 대 그녀 | 留学生 liúxuéshēng 명 유학생

MP3 02-11

02 是  吗? A는 B입니까?

Nǐ 你		Zhōngguórén 中国人	
Tā 他	shì	Dàwěi 大伟	ma?
Tāmen 他们	是	lǎoshī 老师	吗?
Nín 您		xuésheng 学生	

🔖 단어　学生 xuésheng 명 학생

Substitution drill

03 他不是 A ，他是 B 。 그는 A가 아니라 B입니다.

Tā bú shì	Zhōngguórén, 中国人,	tā shì	Měiguórén. 美国人。
他不是	Hánguórén, 韩国人,	他是	Rìběnrén. 日本人。
	lǎoshī, 老师,		xuésheng. 学生。
	Dàwěi, 大伟,		Xīnhuá. 新华。

04 A 是哪国人？ A는 어느 나라 사람입니까?

Nǐ 你	
Tā 他	shì nǎ guó rén? 是哪国人？
Lǎoshī 老师	
Dàwěi 大伟	

연습문제

1 MP3 02-14
녹음을 듣고 성모와 성조를 표시해 보세요.

① ___ i ___ eng   ⑤ ___ i ___ i

② ___ ia ___ u   ⑥ ___ i ___ an

③ ___ ong ___ uo   ⑦ ___ eng ___ i

④ ___ ue ___ iao   ⑧ ___ i ___ ao

2 MP3 02-15
녹음을 듣고 빈칸에 들어갈 한어병음을 쓰세요.

① Nǐ shì _____ ma?

② _____ Zhōngguórén, tā shì _____ .

③ Nǐ shì _____ ?

④ _____ shì dàxuéshēng.

Exercise

3 🎧 MP3 02-16
녹음을 듣고 질문에 알맞은 대답을 연결하세요.

① •　　　　　　　　• 是，我们都是学生。

② •　　　　　　　　• 不，我不是中国人。

③ •　　　　　　　　• 我是韩国人。

④ •　　　　　　　　• 他不是韩国人，他是中国人。

4 아래에 제시된 단어들을 참고해서, 옆 사람과 〈보기〉처럼 대화해 보세요.

보기
A 他是韩国人吗?
B 他<u>不是</u>韩国人。
A 他是哪国人?
B 他是<u>中国人</u>。
A 他是大学生吗?
B <u>是</u>，他是<u>大学生</u>。

中国人 / 大学生

韩国人 / 老师

 제시단어

美国人 / 大学生

더 배워 볼까요? ······ 나라 이름

韩国 Hánguó
한국

中国 Zhōngguó
중국

日本 Rìběn
일본

泰国 Tàiguó
태국

越南 Yuènán
베트남

印度 Yìndù
인도

美国 Měiguó
미국

德国 Déguó
독일

英国 Yīngguó
영국

法国 Fǎguó
프랑스

意大利 Yìdàlì
이탈리아

加拿大 Jiānádà
캐나다

중국의 소수민족에 대해 알아보세요.

우리가 공부하는 중국어는 한족 **汉族** Hànzú의 언어인 한어 **汉语** Hànyǔ라고 배웠죠? 중국에는 모두 56개의 민족이 있는데, 그중에서 한족이 전체 인구의 약 91.5%, 나머지 55개 민족이 약 8.5%를 차지합니다. 그래서 한족을 제외한 55개 민족을 '소수민족'이라고 부릅니다. 그 중에서 우리 동포인 조선족 인구는 약 180만 명으로 소수민족 중에서 13번째로 인구가 많습니다(2005년 기준). 아래는 독특한 의상을 입은 소수민족들의 모습입니다.

瑶族 Yáozú 요족

回族 Huízú 회족

侗族 Dòngzú 동족

苗族 Miáozú 묘족

● 그림을 보고 이번 과에서 다루어질 내용을 생각해 보세요!

UNIT 03

Nǐ jiào shénme míngzi?
你叫什么名字?
당신의 이름은 무엇입니까?

학습 목표
- 이름 묻고 답하기
- 의문대사 什么/谁

단어 Word

叫	jiào	동 ~라고 부르다
什么	shénme	대 무엇, 무슨
名字	míngzi	명 이름
老师	lǎoshī	명 선생님
您	nín	대 당신[你의 존칭]
贵	guì	형 귀하다
姓	xìng	동 성이 ~이다
她	tā	대 그녀
谁	shéi	대 누구
朋友	péngyou	명 친구
认识	rènshi	동 (사람을) 알다
高兴	gāoxìng	형 기쁘다

문형연습 — Sentence

MP3 03-02

1 당신의 이름은 무엇입니까?

shénme míngzi
jiào shénme míngzi
Nǐ jiào shénme míngzi?
你叫什么名字?

MP3 03-03

2 성(성함)이 어떻게 되세요?

xìng
guì xìng
Nín guì xìng?
您贵姓?

MP3 03-04

3 그녀는 누구입니까?

shéi
shì shéi
Tā shì shéi?
她是谁?

MP3 03-05

4 만나서 반갑습니다.

rènshi nǐ
hěn gāoxìng
Rènshi nǐ, hěn gāoxìng.
认识你,很高兴。

회화

MP3 03-06

회화 1 왕 선생님이 우시에게 이름을 묻고 있어요.

Wáng lǎoshī 王老师	Nǐ jiào shénme míngzi? 你叫什么名字?
Wú Xī 吴希	Wǒ jiào Wú Xī. 我叫吴希。

MP3 03-07

회화 2 신입생 우시는 처음 뵙는 왕 선생님의 성함을 물어요.

Wú Xī 吴希	Lǎoshī, nín guì xìng? 老师，您贵姓?
Wáng lǎoshī 王老师	Wǒ xìng Wáng, jiào Wáng Lín. 我姓王，叫王林。①

① 선생님 성함이 王林이면 한국에서는 주로 '왕린 선생님'이라고 부르지만, 중국에서는 일반적으로 王老师라고 부릅니다.

Dialogues

MP3 03-08

회화 3 왕 선생님은 우시와 함께 있는 수진이의 이름을 묻습니다.

Wáng lǎoshī　　Tā shì shéi?
王老师　　　　她是谁？

Wú Xī　　Tā jiào Jīn Xiùzhēn, tā shì wǒ péngyou.
吴希　　她叫金秀珍，她是我朋友。②

MP3 03-09

회화 4 왕 선생님과 우시가 서로 반가웠다는 인사를 하고 있어요.

Wáng lǎoshī　　Rènshi nǐ, hěn gāoxìng.
王老师　　　　认识你，很高兴。

Wú Xī　　Rènshi nín, wǒ yě hěn gāoxìng.
吴希　　认识您，我也很高兴。

Tip　② 중국어에는 소유격을 나타내는 조사가 있지만, 我朋友 '내 친구'처럼 가족이나 친구 등 친밀한 관계를 나타낼 때는 일반적으로 조사를 사용하지 않습니다.

어법

01 이름 묻는 표현

이름을 물을 때 가장 많이 사용하는 표현은 你叫什么名字? 입니다. 이 표현은 주로 동년배나 자기보다 나이가 어린 사람에게 쓰는 표현입니다. 마지막의 名字를 생략하고, 你叫什么? 라고 물어도 됩니다. 대답할 때는 我叫…。라고 합니다.

    Nǐ jiào shénme míngzi?
A: 你叫什么名字?　당신의 이름은 무엇입니까?

    Wǒ jiào Dàwěi.
B: 我叫大伟。　제 이름은 따웨이입니다.

연배가 있는 분의 성함을 물어볼 때는 您贵姓? 이라는 정중한 표현을 사용합니다. 您贵姓? 은 직역하면 '성이 어떻게 되십니까?'라는 의미입니다. 질문에는 姓만 쓰였지만, 대답할 때는 일반적으로 성과 이름을 함께 말합니다. 하지만 상황에 따라 성만 말해도 됩니다.

    Nín guì xìng?
A: 您贵姓?　성함이 어떻게 되십니까?

    Wǒ xìng Wáng, jiào Wáng Lín.
B: 我姓王，叫王林。　저는 왕씨이고, 왕린이라고 합니다.

    Nín guì xìng?
A: 您贵姓?　성함이 어떻게 되십니까?

    Wǒ xìng Wáng.
B: 我姓王。　저는 왕씨입니다.

동년배나 나이가 어린 사람에게 성만 물어보고 싶을 때는 你姓什么? 라고 묻습니다.

    Nǐ xìng shénme?
A: 你姓什么?　당신의 성은 무엇입니까?

    Wǒ xìng Wáng.
B: 我姓王。　저는 왕씨입니다.

Grammar

02 의문대사 什么

什么는 '무엇' 또는 '무슨'으로 해석되며, 의문문을 만들 때 쓰이는 의문대사입니다.

Nǐ jiào shénme?
你叫什么?　당신의 이름은 무엇입니까?

Nǐ jiào shénme míngzi?
你叫什么名字?　당신의 이름은 무엇입니까?

Nǐ xìng shénme?
你姓什么?　당신의 성은 무엇입니까?

小王 Xiǎo Wáng 과 老李 Lǎo Lǐ

중국인들은 상대방의 성 앞에 小 Xiǎo나 老 Lǎo를 붙여서 小王, 老李 등으로 부르는 경우가 있습니다. 이런 호칭은 성인들만 사용하며, 동료나 친구 등 친한 사이에서 친밀감을 나타내줍니다. 小는 자기보다 나이가 적은 사람에게, 老는 나이가 많은 사람에게 사용합니다.

교체연습

MP3 03-10

01 A 叫 B ?/。 A는 B라고 불립니까?/니다.

Nǐ 你		shénme míngzi? 什么名字?
Tā 他	jiào	shénme? 什么?
Wǒ 我	叫	Dàwěi. 大伟。
Tā 她		Lǐ Nà. 李娜。

🔖 **단어** 李娜 Lǐ Nà [고유] 리나(인명)

MP3 03-11

02 我姓 A ，叫 B 。 나는 성이 A이고 B라고 불립니다.

	Wáng, 王,		Wáng Lín. 王林。
Wǒ xìng 我姓	Wú, 吴,	jiào 叫	Wú Xī. 吴希。
	Lǐ, 李,		Lǐ Jīngjīng. 李晶晶。
	Liú, 刘,		Liú Jiàn. 刘建。

🔖 **단어** 刘建 Liú Jiàn [고유] 리우지엔(인명)

substitution drill

MP3 03-12

03 A 是谁? A는 누구입니까?

Tā 她	
Nǐ 你	shì shéi?
Nǐ péngyou 你朋友	是谁?
Wáng lǎoshī 王老师	

MP3 03-13

04 A 是我 B 。 A는 나의 B입니다.

Tā 她		péngyou. 朋友。
Nǐ 你	shì wǒ	dìdi. 弟弟。
Tā 他	是我	bàba. 爸爸。
Tā 她		jiějie. 姐姐。

단어 弟弟 dìdi 명 남동생 | 爸爸 bàba 명 아빠 |
姐姐 jiějie 명 언니(누나)

연습문제

1 🎧 MP3 03-14

녹음을 듣고 빈칸에 들어갈 한어병음을 쓰세요.

❶ Nǐ jiào _____ míngzi?

❷ Lǎoshī, nín _____ ?

❸ Wǒ _____ Wáng, _____ Wáng Lín.

❹ Rènshi nǐ, wǒ yě _____ .

2 🎧 MP3 03-15

녹음을 듣고 내용과 일치하는 문장에는 O, 일치하지 않는 문장에는 X표 하세요.

❶ (   ) 晶晶是老师。

❷ (   ) 玛丽是美国人。

❸ (   ) 玛丽不是大学生。

❹ (   ) 晶晶是美国人。

📎 단어 玛丽 Mǎ Lì 고유 마리(인명)

Exercise

3 오른쪽 대답에 알맞은 질문을 완성해 보세요.

① A 您_____?   B 我姓王，叫王林。

② A 她叫_____?   B 她叫吴希。

③ A _____?   B 她是我朋友。

④ A 你_____?   B 我姓王。

4 아래에 제시된 단어들을 참고해서, 옆 사람과 〈보기〉처럼 대화해 보세요.

보기
A 她是谁?
B 她是我朋友。
A 她叫什么名字?
B 她叫李晶晶。
A 她是哪国人?
B 她是中国人。

朋友 / 李晶晶(Lǐ Jīngjīng) / 中国

①
哥哥 / 张大伟(Zhāng Dàwěi) / 中国

②
姐姐 / 金秀珍(Jīn Xiùzhēn) / 韩国

③
朋友 / 玛丽(Mǎ Lì) / 美国

단어   哥哥 gēge 명 형(오빠)

더 배워 볼까요? 한국과 중국의 대표적인 성

金 Jīn 김

李 Lǐ 이

朴 Piáo 박

崔 Cuī 최

王 Wáng 왕

张 Zhāng 장

刘 Liú 류

陈 Chén 진

杨 Yáng 양

黄 Huáng 황

赵 Zhào 조

吴 Wú 오

사진으로 배우는 중국문화

중국의 외래어 표기에 대해 알아보세요.

중국어는 두 가지 특성 때문에 외래어 표기에 어려움이 있습니다. 첫째, 성조 언어이기 때문에 소리 낼 수 있는 음이 적어, 외국어를 소리 나는 대로 쓰기가 어렵습니다. 둘째, 대부분의 외국어가 표음문자인데 반해 중국어는 표의문자라서 외래어를 받아들일 때 음을 따라야 할지, 뜻을 따라야 할지 어려움을 겪습니다. 그래서 음과 뜻을 다 적절하게 표현할 수 있을 때는 그렇게 하고, 그렇지 않을 경우 음, 또는 뜻에 중점을 두어서 외래어를 만듭니다.

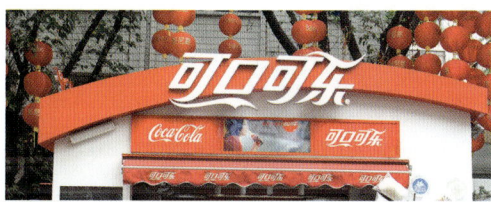

Coca-cola
可口可乐 kěkǒu kělè
음 kěkǒu kělè + 뜻 입에 맞고 즐겁다

Pepsi-cola
百事可乐 bǎishì kělè
음 bǎishì kělè + 뜻 모든 일이 즐겁다

Burger King
汉堡王 hànbǎo wáng
음 hànbǎo wáng + 뜻 햄버거 왕

Mc Donald's
麦当劳 màidānglǎo
음 màidānglǎo

KFC
肯德基 kěndéjī
음 kěndéjī (켄터키)

● 그림을 보고 이번 과에서 다루어질 내용을 생각해 보세요!

UNIT 04

Zhè shì shénme?
这是什么?
이것은 무엇입니까?

학습 목표
- 지시대사 这/那
- 소유격 조사 的
- 정반의문문 是不是
- 주변 사물에 대해 묻고 답하기

단어 ··· Word

这	zhè	대 이, 이것
书	shū	명 책
历史	lìshǐ	명 역사
的	de	조 ~의[소유격을 나타내는 조사]
本	běn	양 권[책 등을 세는 양사]
好看	hǎokàn	형 보기 좋다, (책, 영화 등이) 재미있다
那	nà	대 저, 저것, 그, 그것
个	gè	양 개[사람, 사물 등을 세는 양사. 명사 또는 대사와 결합하면 경성으로 읽음]
那个	nà ge(nèi ge)	대 저것, 그것
姐姐	jiějie	명 언니, 누나

문형연습 — Sentence

MP3 04-02

1 이것은 무엇입니까?

shénme
shì shénme
Zhè shì shénme?
这是什么?

MP3 04-03

2 이것은 책입니다.

shū
shì shū
Zhè shì shū.
这是书。

MP3 04-04

3 이것은 누구의 책입니까?

shéi de shū
shì shéi de shū
Zhè shì shéi de shū?
这是谁的书?

MP3 04-05

4 이것은 나의 책입니다.

wǒ de shū
shì wǒ de shū
Zhè shì wǒ de shū.
这是我的书。

회화

MP3 04-06

회화 1 · 학교 도서관에서 민정이가 따웨이에게 옆에 있는 책에 대해 묻고 있어요.

Mǐnjìng　　Zhè shì shénme?
敏静　　　这是什么?

Dàwěi　　Zhè shì shū.
大伟　　　这是书。

Mǐnjìng　　Zhè shì shénme shū?
敏静　　　这是什么书?

Dàwěi　　Zhè shì lìshǐ shū.
大伟　　　这是历史书。

MP3 04-07

회화 2 · 민정이는 따웨이에게 역사책이 누구의 것인지 물어요.

Mǐnjìng　　Zhè shì shéi de shū?
敏静　　　这是谁的书?

Dàwěi　　Shì wǒ de shū.
大伟　　　是我的书。①

 ① 문맥상 무엇인지 알 수 있을 경우 주어를 생략할 수 있습니다.
　　예 그는 중국인이 아니라 미국인입니다.
　　　他不是中国人，他是美国人。→ 他不是中国人，是美国人。

Dialogues

MP3 04-08

회화 3 민정이가 따웨이에게 역사책이 재미있는지 묻고 있어요.

Mǐnjìng　Zhè běn shū hǎokàn ma?
敏静　　这本书好看吗？

Dàwěi　Hěn hǎokàn.
大伟　　很好看。

MP3 04-09

회화 4 민정이가 따웨이에게 옆에 있는 물건이 누구의 것인지 묻고 있어요.

Mǐnjìng　Nà ge shì bu shì nǐ de?
敏静　　那个是不是你的？

Dàwěi　Bù, nà ge shì wǒ jiějie de.
大伟　　不，那个是我姐姐的。

어법

01 지시대사 这/那

중국어의 지시대사는 这, 那 두 가지가 있습니다. 这는 영어의 this, 那는 영어의 that과 의미가 비슷합니다.

这, 那는 this, that처럼 명사로도 쓰이고, 관형사로도 쓰입니다.

Zhè shì shénme?
这是什么? 이것은 무엇입니까?

Zhè běn shū shì shénme shū?
这本书是什么书?② 이 책은 무슨 책입니까?

这, 那에 양사 个 ge '개'가 붙으면 这个 '이것', 那个 '저것', '그것'이라는 명사로 쓰입니다.

Zhè ge shì shénme?
这个是什么? 이것은 무엇입니까?

Nà ge shì shénme?
那个是什么? 저것은 무엇입니까?

※ 구어에서는 这个 zhè ge, 那个 nà ge를 zhèi ge, nèi ge라고도 많이 읽습니다.

02 소유격 조사 的

소유격을 나타내는 조사 的는 기본적으로 한국어 '~의'와 용법이 비슷합니다.

wǒ de shū	shéi de shū	tā de lǎoshī
我**的**书	谁**的**书	他**的**老师
나의 책	누구의 책	그의 선생님

 ② 这, 那가 관형사로 쓰일 때는 주로 本 běn '권'과 같은 양사와 함께 쓰입니다.

Grammar

的 뒤의 명사는 생략할 수 있는데 이럴 경우, '~의 것'을 뜻합니다.

Zhè shì shéi de?
这是谁的? 이것은 누구의 것입니까?

Zhè shì wǒ de.
这是我的。 이것은 나의 것입니다.

친밀한 관계, 소속 등을 나타낼 때 的가 생략되기도 합니다. 특히 가족이나 친구는 일반적으로 的를 생략합니다.

wǒ māma
我妈妈 우리 엄마

wǒ jiā
我家 우리 집

wǒ péngyou
我朋友 내 친구

wǒmen xuéxiào
我们学校 우리 학교

단어 妈妈 māma 명 엄마 | 家 jiā 명 집 | 学校 xuéxiào 명 학교

 정반(正反) 의문문 是不是

是不是처럼 동사의 긍정형(是)과 부정형(不是)을 같이 써서 의문문을 만들 수 있는데, 이것을 '정반의문'이라고 합니다. 是不是는 '~입니까 아닙니까?'로 해석할 수 있으며 이때 不는 경성으로 읽습니다. 같은 의미의 의문문 형식으로, A是B吗 형태가 있습니다.

Nǐ shì bu shì Hánguórén?
你是不是韩国人? 당신은 한국인입니까 아닙니까?

Nǐ shì Hánguórén ma?
你是韩国人吗? 당신은 한국인입니까?

Nà ge shì bu shì nǐ de?
那个是不是你的? 저것은 당신의 것입니까 아닙니까?

Nà ge shì nǐ de ma?
那个是你的吗? 저것은 당신의 것입니까?

교체연습

01 A 是什么? A는 무엇입니까?

Zhè
这

Nà
那

Zhè ge
这个

Nà ge
那个

shì shénme?
是什么?

02 这是什么 ? 이것은 무슨 A입니까?

Zhè shì shénme
这是什么

shū?
书?

cài?
菜?

chá?
茶?

huā?
花?

단어 菜 cài 명 요리 | 茶 chá 명 차(음료) | 花 huā 명 꽃

Substitution drill

MP3 04-12

03 这是谁的 [A] ? 이것(이 사람)은 누구의 A입니까?

Zhè shì shéi de
这是谁的

shū?
书?

bāo?
包?

chē?
车?

jiějie?
姐姐?③

단어 包 bāo 몡 가방 | 车 chē 몡 차(교통수단)

MP3 04-13

04 [A] 是不是 [B] ? A는 B입니까 아닙니까?

Nà ge
那个

Zhè
这

Nǐ
你

Nà
那

shì bu shì
是不是

nǐ de?
你的?

nǐ jiějie de?
你姐姐的?

xuésheng?
学生?

lìshǐ shū?
历史书?

Tip ③ 这, 那는 사람을 가리킬 때도 쓰입니다. '우리 언니'는 주로 我姐姐라고 하지만, '누구의 언니' 라고 말할 때는 的를 사용하여 谁的姐姐라고 합니다.

연습문제

1 🎵 MP3 04-14

녹음을 듣고 빈칸에 알맞은 한어병음을 쓰세요.

① A Zhè shì _____ ?

　B Zhè shì _____ .

② A Zhè shì _____ ?

　B Zhè shì _____ .

③ A Zhè shì _____ ?

　B Zhè _____ .

④ A Zhè shì _____ ?

　B Zhè _____ .

2 오른쪽 대답에 알맞은 질문을 완성해 보세요.

① A _____ ?　B 这是书。

② A _____ ?　B 这是韩语书。

③ A _____ ?　B 这是我的书。

④ A _____ 你的?　B 是，那个是我的。

단어　韩语 Hányǔ 몡 한국어

Exercise

3 녹음을 듣고 아래 물건의 주인을 적어 보세요.

> 단어 汉语 Hànyǔ 명 중국어 | 英语 Yīngyǔ 명 영어

4 아래에 제시된 단어들을 참고해서, 옆 사람과 〈보기〉처럼 대화해 보세요.

보기
A 这是什么书?
B 这是英语书。
A 这是谁的书?
B 这是晶晶的书。
A 这个好看吗?
B 不好看。

英语书 / 李晶晶(Lǐ Jīngjīng) / 不好看

红茶 / 妈妈的 / 好喝   钢笔 / 大伟(Dàwěi)的 / 好用   芝士蛋糕 / 我的 / 好吃

> 단어 红茶 hóngchá 명 홍차 | 好喝 hǎohē 형 맛있다[음료, 탕 등] |
> 钢笔 gāngbǐ 명 만년필 | 好用 hǎoyòng 형 사용하기 좋다 |
> 芝士 zhīshì 명 치즈 | 蛋糕 dàngāo 명 케이크 | 好吃 hǎochī 형 맛있다

더 배워 볼까요? 집안에 있는 물건들

桌子 zhuōzi
탁자

椅子 yǐzi
의자

沙发 shāfā
소파

电视 diànshì
TV

床 chuáng
침대

电脑 diànnǎo
컴퓨터

手机 shǒujī
휴대전화

杯子 bēizi
컵

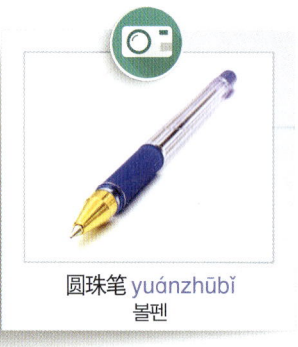
圆珠笔 yuánzhūbǐ
볼펜

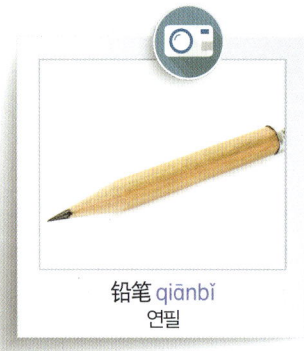
铅笔 qiānbǐ
연필

钱包 qiánbāo
지갑

台灯 táidēng
탁상용 전등/스탠드

중국의 아침 공원 풍경에 대해 알아보세요.

중국 사람들은 아침을 일찍 시작합니다. 아침에 공원을 나가보면 다양한 활동을 즐기는 사람들로 가득합니다. 전통 무술인 태극권 **太极拳** tàijíquán을 수련하기도 하고, 여럿이 음악에 맞춰 흥겨운 춤을 추기도 하며, 부채춤을 추는 사람들도 있습니다. 큰 붓에 물을 묻혀 바닥에 글씨를 쓰는 할아버지들도 종종 눈에 띄고요. 중국 사람들의 여가 생활이 궁금하다면 아침 일찍 공원에 나가 보세요.

태극권

다 함께 경쾌한 춤을

부채춤

바닥에 붓글씨 쓰기

● 그림을 보고 이번 과에서 다루어질 내용을 생각해 보세요!

UNIT 05

Nǐ jiā yǒu jǐ kǒu rén?
你家有几口人?
가족이 몇 명이에요?

학습 목표
- 숫자 읽기
- 양사
- 有자문
- 가족 구성원 묻고 소개하기

단어 — Word

家	jiā	명	집
有	yǒu	동	있다
几	jǐ	대	몇
口	kǒu	양	식구, 명[식구를 세는 양사]
四	sì	수	넷, 4
五	wǔ	수	다섯, 5
爸爸	bàba	명	아빠
妈妈	māma	명	엄마
和	hé	접	~와, 그리고
妹妹	mèimei	명	여동생
没	méi	부	~하지 않다[有 앞에 쓰여 부정을 나타냄]
一	yī	수	하나, 1
哥哥	gēge	명	형, 오빠
女朋友	nǚpéngyou	명	여자친구
还	hái	부	아직

문형연습 · Sentence

MP3 05-02

1 당신의 가족은 몇 명입니까?

jǐ kǒu rén
yǒu jǐ kǒu rén
Nǐ jiā yǒu jǐ kǒu rén?
你家有几口人?

MP3 05-03

2 가족이 누구 누구 있습니까?

shénme rén
yǒu shénme rén
Nǐ jiā yǒu shénme rén?
你家有什么人?

MP3 05-04

3 당신은 여동생이 있습니까?

yǒu ma
yǒu mèimei ma
Nǐ yǒu mèimei ma?
你有妹妹吗?

MP3 05-05

4 당신의 오빠는 여자친구가 있습니까?

yǒu nǚpéngyou
yǒu méiyǒu nǚpéngyou
Nǐ gēge yǒu méiyǒu nǚpéngyou?
你哥哥有没有女朋友?

회화

MP3 05-06

회화 1 민정이와 수진이가 서로의 가족이 몇 명인지 물어봅니다.

Mǐnjìng　　Nǐ jiā yǒu jǐ kǒu rén?
敏静　　　你家有几口人？①

Xiùzhēn　　Sì kǒu rén.　Nǐ jiā ne?
秀珍　　　四口人。你家呢？

Mǐnjìng　　Wǒ jiā yǒu wǔ kǒu rén.
敏静　　　我家有五口人。

MP3 05-07

회화 2 민정이가 수진이에게 가족 구성원을 묻고 있어요.

Mǐnjìng　　Nǐ jiā yǒu shénme rén?
敏静　　　你家有什么人？

Xiùzhēn　　Wǒ jiā yǒu bàba、māma、jiějie hé wǒ.
秀珍　　　我家有爸爸、妈妈、姐姐和我。②③

 Tip

① 几는 십 이하의 숫자를 물어볼 때 사용하는 의문대사입니다.
② 중국어에서 명사를 나열할 때는 '、(顿号 dùnhào)' 부호를 사용합니다.
③ 和는 명사와 명사를 연결하는 접속사입니다. 대등한 관계의 명사가 여러 개 나올 경우에는 마지막 명사 앞에 씁니다.

Dialogues

MP3 05-08

회화 3 수진이가 민정이에게 여동생이 있는지 묻고 있어요.

Xiùzhēn Nǐ yǒu mèimei ma?
秀珍　　你有妹妹吗?

Mǐnjìng Wǒ méiyǒu mèimei, wǒ yǒu yí ge gēge.
敏静　　我没有妹妹，我有一个哥哥。

MP3 05-09

회화 4 수진이가 민정이에게 오빠한테 여자친구가 있는지 묻고 있어요.

Xiùzhēn Nǐ gēge yǒu méiyǒu nǚpéngyou?
秀珍　　你哥哥有没有女朋友?

Mǐnjìng Tā hái méiyǒu nǚpéngyou.
敏静　　他还没有女朋友。

어법

01 숫자 읽기

중국어 숫자는 한국어 숫자와 유사하여 비교적 간단하게 익힐 수 있습니다.

yī 一 일	èr 二 이	sān 三 삼	sì 四 사	wǔ 五 오	liù 六 육	qī 七 칠	bā 八 팔	jiǔ 九 구	shí 十 십
shíyī 十一 십일	shí'èr 十二④ 십이	……	èrshí 二十 이십	……	líng 零 영	yìbǎi 一百 백	yìqiān 一千 천	yíwàn 一万 만	yíyì 一亿 억

그런데 몇 가지는 주의해야 합니다.

(1) '10'은 한국처럼 十로 읽지만, '100/1000' 등을 읽을 때 중국어는 一를 붙여서 一百/一千으로 읽습니다.

　　十 shí　10　　　　一百 yìbǎi　100　　　　一千 yìqiān　1000

그러나 '10'이 중간에 오는 경우에는 一十로 읽습니다.

　　一百一十一 yìbǎi yìshíyī　111

(2) '2'는 상황에 따라 二 èr과 两 liǎng 두 가지로 읽습니다. 순서를 셀 때는 二, 양을 셀 때는 两을 씁니다.

　　第二课 dì èr kè 제 2과　　　　两个妹妹 liǎng ge mèimei 여동생 두 명

(3) 가운데 '0'이 들어간 숫자의 경우, 중국어는 '0'을 꼭 읽어줘야 합니다.

　　一百零一 yìbǎi líng yī　101　　　　五百零三 wǔbǎi líng sān　503

'0'이 연속해서 여러 개 있을 경우 한 번만 읽습니다.

　　一千零一十 yìqiān líng yìshí　1010　　　　七千零八 qīqiān líng bā　7008

　　※ 一의 성조 변화가 기억나지 않으세요? 중국어의 특징 및 발음편을 참고해 보세요!

> **Tip**
> ④ 'shí'èr'의 가운데에 있는 ' ' '는 격음부호라고 합니다. 격음부호는 'a', 'o', 'e'로 시작하는 음절이 다른 음절 뒤에 올 때, 앞뒤 음절을 확실히 구분해주기 위해 쓰는 부호입니다.

Grammar

 양사

중국어도 한국어처럼 양사가 발달하여 많이 사용됩니다. 중국어 양사와 한국어 양사는 문장에서 쓰이는 위치가 다릅니다.

> sān běn shū
> 三本书 책 세 권
>
> liǎng ge mèimei
> 两个妹妹 여동생 두 명
>
> sì kǒu rén
> 四口人 가족 네 명
>
> yì bēi shuǐ
> 一杯水 물 한 잔

단어 杯 bēi 명 잔, 컵 | 水 shuǐ 명 물

 有자문

동사 有를 사용한 문장을 '有자문'이라고 합니다. 有자문은 是자문과 구조가 비슷합니다.

(1) 기본형: A有B。

> Wǒ yǒu mèimei.
> 我有妹妹。 나는 여동생이 있습니다.

(2) 의문형: A有B吗?

> Nǐ yǒu mèimei ma?
> 你有妹妹吗? 당신은 여동생이 있습니까?

(3) 부정형: A没有B。

> Wǒ méiyǒu mèimei.
> 我没有妹妹。 나는 여동생이 없습니다.

有를 부정할 때는 是나 기타 동사처럼 不 bù를 사용하지 않고, 没 méi를 사용합니다.

(4) 정반의문문: A有没有B?

> Nǐ yǒu méiyǒu mèimei?
> 你有没有妹妹? 당신은 여동생이 있습니까 없습니까?

05 가족이 몇 명이에요? 97

교체연습

MP3 05-10

01 我家有 [A] 口人。 우리 가족은 A명 입니다.

Wǒ jiā yǒu 我家有

wǔ 五
liǎng 两
sān 三
qī 七

kǒu rén. 口人。

MP3 05-11

02 [A] 有 [B] 吗? A는 B가 있습니까?

Nǐ 你
Tā 她
Tā 他
Nǐ jiějie 你姐姐

yǒu 有

mèimei 妹妹
jiějie 姐姐
dìdi 弟弟
nánpéngyou 男朋友

ma? 吗?

단어 **男朋友** nánpéngyou 명 남자친구

Substitution drill

03 我没有 ，我有 。 나는 A는 없고, B가 있습니다.

Wǒ méiyǒu 我没有

mèimei, 妹妹,	yí ge gēge. 一个哥哥。
jiějie, 姐姐,	liǎng ge dìdi. 两个弟弟。
chē, 车,	zìxíngchē. 自行车。
gāngbǐ, 钢笔,	qiānbǐ. 铅笔。

wǒ yǒu 我有

단어 自行车 zìxíngchē 명 자전거 | 铅笔 qiānbǐ 명 연필

04 他还没有 。 그는 아직 A가 없습니다.

Tā hái méiyǒu 他还没有

nǚpéngyou. 女朋友。
shǒujī. 手机。
chē. 车。
zìxíngchē. 自行车。

단어 手机 shǒujī 명 휴대전화

연습문제

1 MP3 05-14
녹음을 듣고 해당하는 숫자를 괄호 안에 중국어로 쓰세요.

① (　　　)

② (　　　)

③ (　　　)

④ (　　　)

2 MP3 05-15
녹음을 듣고 녹음의 내용과 일치하는 가족을 고르세요.

①

②

③

④

단어　小学生 xiǎoxuéshēng 명 초등학생

Exercise

3 그림을 보고 알맞은 숫자와 양사를 빈칸에 쓰세요.

☐ 书　　☐ 人　　☐ 弟弟　　☐ 人

4 아래에 제시된 단어들을 참고해서, 옆 사람과 〈보기〉처럼 대화해 보세요.

보기
A 你家有几口人?
B 我家有四口人。
A 你有妹妹吗?
B 我没有妹妹，我有一个姐姐。
A 你家有什么人?
B 我家有爸爸、妈妈、姐姐和我。

나 爸爸 / 妈妈 / 姐姐 / 我

나

나

나

제시단어
爷爷 / 爸爸 / 妈妈 / 我　　奶奶 / 爸爸 / 妈妈 / 哥哥 / 我　　爸爸 / 妈妈 / 我 / 弟弟 / 妹妹

단어　爷爷 yéye 명 할아버지 | 奶奶 nǎinai 명 할머니

 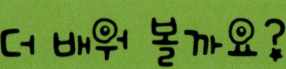 가족

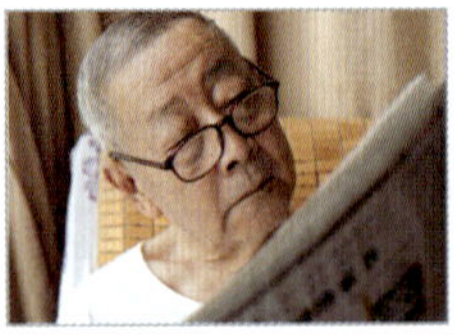

爷爷 yéye 할아버지　　奶奶 nǎinai 할머니　　姥爷 lǎoye 외할아버지　　姥姥 lǎolao 외할머니

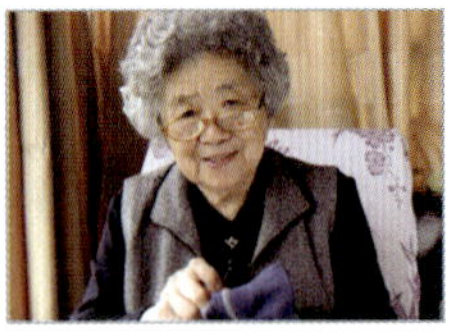

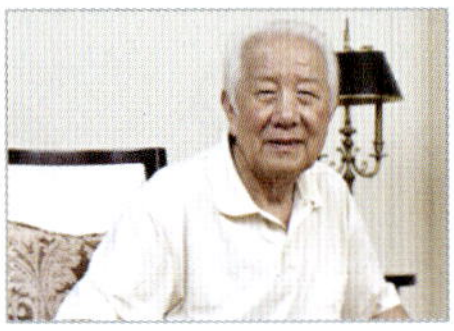

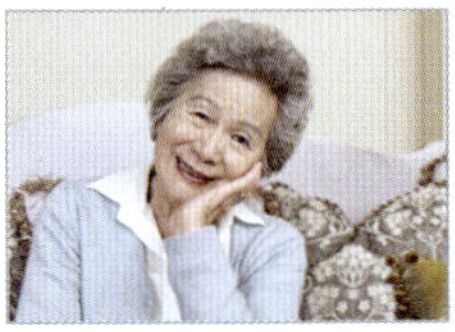

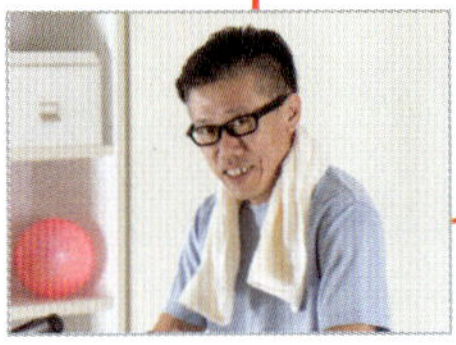

爸爸 bàba 아빠　　丈夫 zhàngfu 남편　　妈妈 māma 엄마　　妻子 qīzi 아내

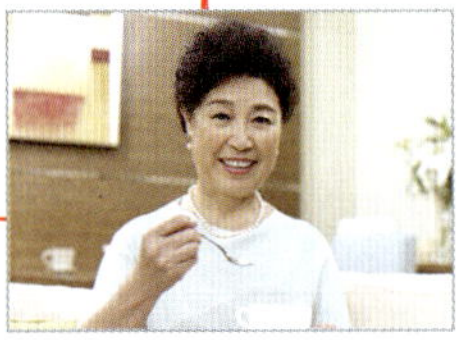

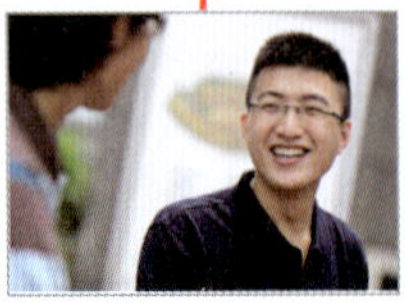

哥哥 gēge 형(오빠)　　姐姐 jiějie 누나(언니)　　我 wǒ 나　　妹妹 mèimei 여동생　　弟弟 dìdi 남동생

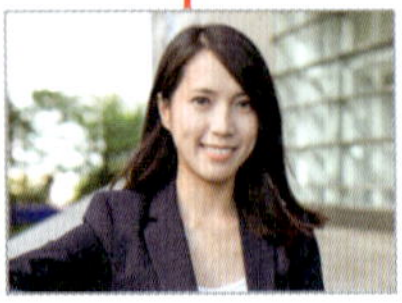

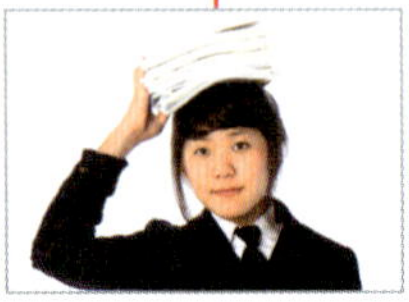

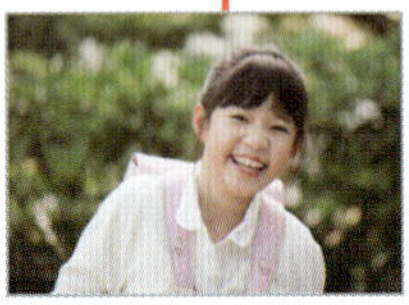

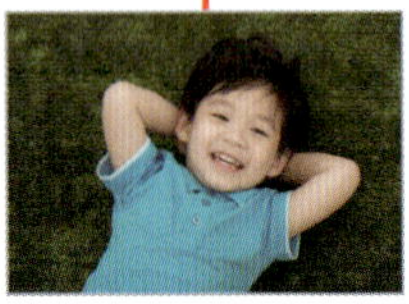

중국의 가족 구성에 대해 알아보세요.

13억 6,700만 명이라는 세계 최대의 인구를 가진 중국. 인구를 어떻게 조절할 것인가는 오랫동안 중국 정부가 해결해야 할 큰 과제였습니다. 이 때문에 중국 정부는 얼마 전까지 '한 자녀 정책'을 강력하게 실시해 오다가, 최근에 '두 자녀 정책'으로 선회하였습니다.

전형적인 한 자녀 가정의 모습

한 자녀 정책은 1980년대 초부터 본격적으로 실시되었습니다. 둘째 자녀를 낳으면 벌금, 직장에서의 승진 제한 등 많은 불이익이 있었고, 정부 주도의 강제 낙태수술도 많이 시행되었지요. 그 결과 상당수의 가정이 한 자녀를 갖게 되었고, 폭발적인 인구 증가는 막을 수 있었습니다. 하지만 심각한 부작용도 몇 가지 생겼습니다. 부모가 몰래 자녀를 낳고 호적에 올리지 못하는 경우도 생겼고, 남아선호사상이 강한 중국이기에 남녀 성비의 불균형도 심해졌으며, 무엇보다 노동 인구의 급감이 큰 문제로 떠오르기 시작했습니다. 최근에는 하나뿐인 자녀를 잃은 부모들의 부양 문제도 이슈가 되고 있습니다.

2015년에 전면적으로 시행하기로 결정된 '한 가정 두 자녀 정책'

이러한 문제들 때문에 중국정부는 두 자녀 정책을 점진적으로 시행하였습니다. 2011년에는 부모가 모두 독자일 경우 두 자녀 허용, 2013년에는 부모 중 한 명이 독자일 경우 두 자녀 허용, 2015년에는 모든 가정에 두 자녀를 허용하기로 결정하였습니다.

● 그림을 보고 이번 과에서 다루어질 내용을 생각해 보세요!

UNIT 06

Nǐ zuò shénme gōngzuò?
你做什么工作?
당신은 무슨 일을 합니까?

학습 목표
- 개사 在
- 중국어 단어의 품사
- 추측을 나타내는 조사 吧
- 不의 성조 변화 연습
- 직업에 대해 묻고 답하기

단어 / Word

MP3 06-01

做	zuò	동 하다
工作	gōngzuò	명 일 동 일하다
医生	yīshēng	명 의사
在	zài	개 ~에서
哪儿	nǎr	대 어디
北京	Běijīng	고유 베이징[지명]
医院	yīyuàn	명 병원
忙	máng	형 바쁘다
还	hái	부 그런대로, 비교적
可以	kěyǐ	형 괜찮다
太	tài	부 너무, 매우
不太	bú tài	별로 ~하지 않다
妻子	qīzi	명 아내
吧	ba	조 ~이지요? [문장의 끝에서 추측의 의미를 나타냄]
家庭主妇	jiātíng zhǔfù	명 가정주부

문형연습 — Sentence

MP3 06-02

1. 당신은 무슨 일을 합니까?

> shénme gōngzuò
> zuò shénme gōngzuò
> Nǐ zuò shénme gōngzuò?
> 你做什么工作?

MP3 06-03

2. 당신은 어디에서 일을 합니까?

> zài nǎr
> zài nǎr gōngzuò
> Nǐ zài nǎr gōngzuò?
> 你在哪儿工作?

MP3 06-04

3. 당신은 일이 바쁜가요?

> nǐ máng ma
> gōngzuò máng ma
> Nǐ gōngzuò máng ma?
> 你工作忙吗?

MP3 06-05

4. 그럭저럭 괜찮습니다. 별로 바쁘지는 않아요.

> hái kěyǐ
> bú tài máng
> Hái kěyǐ, bú tài máng.
> 还可以，不太忙。

회화

MP3 06-06

회화 1 리나가 리우지엔에게 무슨 일을 하는지 물어봐요.

Lǐ Nà   Nǐ zuò shénme gōngzuò?
李娜   你做什么工作？

Liú Jiàn   Wǒ shì yīshēng.
刘建   我是医生。

MP3 06-07

회화 2 리나가 리우지엔이 어디에서 일을 하는지 묻고 있어요.

Lǐ Nà   Nǐ zài nǎr gōngzuò?
李娜   你在哪儿工作？①

Liú Jiàn   Wǒ zài Běijīng yīyuàn gōngzuò.
刘建   我在北京医院工作。

 Tip

① 哪儿 nǎr '어디'는 哪 nǎ에 儿 er이 붙은 단어인데요, 儿이 다른 운모 뒤에 붙어 발음을 부드럽게 해주는 현상을 '儿화'라고 합니다. 이때 儿의 발음은 e를 빼고 r만 표기합니다. '儿화'가 일어나는 경우, 대부분은 의미 변화가 일어나지 않지만, 다음 몇몇 경우에는 의미 변화가 일어납니다.

nǎ 哪 어느 → nǎr 哪儿 어디
zhè 这 이, 이것 → zhèr 这儿 여기
nà 那 저, 그, 저것, 그것 → nàr 那儿 저기, 거기

Dialogues

MP3 06-08

회화 3 리나와 리우지엔이 서로 업무가 바쁜지 물어봐요.

Lǐ Nà / 李娜: Nǐ gōngzuò máng ma?
你工作忙吗?

Liú Jiàn / 刘建: Hěn máng, nǐ ne?
很忙,你呢?

Lǐ Nà / 李娜: Hái kěyǐ, bú tài máng.
还可以,不太忙。②

MP3 06-09

회화 4 리나가 리우지엔에게 아내의 직업을 묻고 있어요.

Lǐ Nà / 李娜: Nǐ qīzi yě gōngzuò ba?
你妻子也工作吧?

Liú Jiàn / 刘建: Tā bù gōngzuò, tā shì jiātíng zhǔfù.
她不工作,她是家庭主妇。

 ② 5과에서 还가 '아직'이라는 뜻을 나타낸다고 배웠죠? 여기에서는 '그런대로', '비교적'이라는 뜻을 나타냅니다.

 # 어법

01 개사 在

在는 장소를 나타내는 명사 앞에 쓰여 '~에서'라는 뜻을 나타냅니다. 문장에서 '在 + 장소'는 동사 앞에 옵니다.

Nǐ zài nǎr gōngzuò?
你在哪儿工作?   당신은 어디에서 일을 합니까?

Wǒ zài Běijīng yīyuàn gōngzuò.
我在北京医院工作。   저는 베이징병원에서 일을 합니다.

02 중국어 단어의 품사

중국어에서는 한 단어가 두 종류의 품사로 쓰이는 경우가 많습니다.

본문에 나오는 工作는 동사와 명사 두 가지 용법으로 쓰입니다.

Nǐ zài nǎr gōngzuò?
你在哪儿工作?
당신은 어디에서 일을 합니까? (동사)

Nǐ zuò shénme gōngzuò?
你做什么工作?
당신은 무슨 일을 합니까? (명사)

10과에 나올 便宜 piányi는 '싸다'라는 형용사로도 쓰이고, '싸게 하다'라는 동사로도 쓰입니다.

Zhè ge hěn piányi.
这个很便宜。
이거 아주 싸요. (형용사)

Piányi diǎnr ba.
便宜点儿吧。
싸게 해 주세요. (동사)

Grammar

 추측을 나타내는 조사 吧

문장 끝에 吧를 붙이면 '~이지요?'라는 추측의 의미를 나타냅니다.

Nǐ qīzi yě gōngzuò ba?
你妻子也工作吧?　당신 부인도 일을 하지요?

Zhè shì nǐ de ba?
这是你的吧?　이것은 당신 것이지요?

Tā shì nǐ gēge ba?
他是你哥哥吧?　그는 당신의 형이요?

 不의 성조 변화 연습

앞에서 不의 성조가 상황에 따라 변한다고 배웠죠? 지금까지 배운 동사와 형용사를 가지고 성조 변화를 복습해 보겠습니다.

4성(不 + 1, 2, 3성)	2성(不 + 4성)
bù gāoxìng 不高兴 기쁘지 않다	bú shì 不是 ~이 아니다
bù gōngzuò 不工作 일을 하지 않다	bú kèqi 不客气 천만에요
bù máng 不忙 바쁘지 않다	bú rènshi 不认识 안면이 없다
bù hǎo 不好 좋지 않다	bú zuò 不做 ~하지 않는다

교체연습

01 **A 做什么工作?** A는 무슨 일을 합니까?

Nǐ
你

Tā
他

Nǐ gēge
你哥哥

Lǐ xiānsheng
李先生

zuò shénme gōngzuò?
做什么工作?

> 단어 先生 xiānsheng 명 선생님[남자에 대한 존칭]

02 我在 **A** 工作。 나는 A에서 일을 합니다.

Wǒ zài
我在

Běijīng yīyuàn
北京医院

Běijīng fàndiàn
北京饭店

Běijīng yínháng
北京银行③

jīchǎng
机场

gōngzuò.
工作。

> 단어 饭店 fàndiàn 명 호텔 | 银行 yínháng 명 은행 | 机场 jīchǎng 명 공항

Tip ③ 行은 상황에 따라 두 가지로 발음됩니다. 自行车 zìxíngchē에서는 xíng으로 발음되고, 银行에서는 háng으로 발음됩니다.

substitution drill

03 你工作 [A] 吗? 당신은 일이 A한가요?

Nǐ gōngzuò 你工作

máng 忙
lèi 累
xīnkǔ 辛苦
kāixīn 开心

ma? 吗?

단어 累 lèi 형 피곤하다 | 辛苦 xīnkǔ 형 고생스럽다 | 开心 kāixīn 형 기쁘다, 즐겁다

04 你也 [A] 吧? 당신도 A하지요?

Nǐ yě 你也

gōngzuò 工作
qù 去
lái 来
cānjiā 参加

ba? 吧?

단어 去 qù 동 가다 | 来 lái 동 오다 | 参加 cānjiā 동 참가하다

연습문제

1 빈칸을 채워서 대화를 완성하세요.

A 你 _____ 工作?
B _____ 老师。

A 你 _____ 工作?
B _____ 北京医院 _____ 。

2 다음 문장에서 工作가 동사로 쓰였는지, 명사로 쓰였는지 구분하세요.

① _____ 你工作吗?

② _____ 工作忙不忙?

③ _____ 你做什么工作?

④ _____ 你在哪儿工作?

3 MP3 06-14

녹음을 듣고 내용과 일치하는 문장에는 O, 일치하지 않는 문장에는 X표 하세요.

① ( ) 小王工作很忙。

② ( ) 小李在北京医院工作。

③ ( ) 小李的哥哥不太忙。

④ ( ) 小李工作不太忙。

> 단어 小王 Xiǎo Wáng 고유 샤오왕(인명) | 小李 Xiǎo Lǐ 고유 샤오리(인명)

4 옆 사람과 함께 아래의 문장을 묻고 답해보세요.

① A 你是学生吧？　　B _____

② A 你有妹妹吧？　　B _____

③ A 你是中国人吧？　B _____

④ A 你工作吧？　　　B _____

5 아래에 제시된 단어들을 참고해서, 옆 사람과 〈보기〉처럼 대화해 보세요.

보기
A 你做什么工作？
B 我是医生。
A 你在哪儿工作？
B 我在北京医院工作。
A 你工作忙吗？
B 不忙，还可以。

医生 / 北京医院 / 工作不忙

제시단어

护士 / 北京医院 / 工作忙　　老师 / 北京小学 / 工作不累　　厨师 / 北京饭店 / 工作开心

단어 护士 hùshi 몡 간호사 | 小学 xiǎoxué 몡 초등학교 |
厨师 chúshī 몡 요리사

더 배워 볼까요? ······················ 직업

MP3 06-15

教授 jiàoshòu
교수

军人 jūnrén
군인

模特儿 mótèr
모델

律师 lǜshī
변호사

科学家 kēxuéjiā
과학자

农民 nóngmín
농민

警察 jǐngchá
경찰

作家 zuòjiā
작가

画家 huàjiā
화가

演员 yǎnyuán
배우

歌手 gēshǒu
가수

记者 jìzhě
기자

사진으로 배우는 중국문화

중국인들의 아침 식사에 대해 알아보세요.

중국 사람들은 아침에 무엇을 먹을까요? 중국에서는 아침 밥을 밖에서 사 먹는 경우가 많습니다. 출근길에는 여기저기 식당에서 맛있는 냄새가 코를 찌르지요. 아침마다 만두, 만둣국, 죽, 삶은 달걀 등 맛있는 메뉴를 골라먹는 재미가 있답니다.

아침 먹거리를 사는 사람들

饺子 jiǎozi 교자 만두 / 包子 bāozi 포자 만두

馄饨 húntun 훈툰

油条 yóutiáo 여우티아오
폭신폭신한 중국식 꽈배기

豆浆 dòujiāng 떠우쟝
중국식 두유

茶鸡蛋 chá jīdàn 챠지딴
찻물에 소금, 향신료 등을 넣고 삶은 달걀

복습 01~06

- 주요 단어
- 단어 체크
- 주요 회화
- 회화 체크
- 주요 어법
- 어법 체크

주요 단어

인칭대사

- ☐ 我 wǒ 나
- ☐ 你 nǐ 너
- ☐ 您 nín 당신[존칭]
- ☐ 他 tā 그
- ☐ 她 tā 그녀
- ☐ 它 tā 그것
- ☐ 我们 wǒmen 우리
- ☐ 你们 nǐmen 너희들
- ☐ 他们 tāmen 그들
- ☐ 她们 tāmen 그녀들
- ☐ 它们 tāmen 그것들

지시대사

- ☐ 这 zhè 이, 이것
- ☐ 那 nà 저, 저것, 그, 그것
- ☐ 这个 zhè ge(zhèi ge) 이것
- ☐ 那个 nà ge(nèi ge) 저것, 그것

숫자

- ☐ 一 yī 일, 1
- ☐ 二 èr 이, 2
- ☐ 三 sān 삼, 3
- ☐ 四 sì 사, 4
- ☐ 五 wǔ 오, 5
- ☐ 六 liù 육, 6
- ☐ 七 qī 칠, 7
- ☐ 八 bā 팔, 8
- ☐ 九 jiǔ 구, 9
- ☐ 十 shí 십, 10
- ☐ 零 líng 영, 0
- ☐ 百 bǎi 백
- ☐ 千 qiān 천
- ☐ 万 wàn 만
- ☐ 亿 yì 억

가족

- ☐ 爸爸 bàba 아빠
- ☐ 爷爷 yéye 할아버지
- ☐ 哥哥 gēge 형(오빠)
- ☐ 弟弟 dìdi 남동생
- ☐ 妈妈 māma 엄마
- ☐ 奶奶 nǎinai 할머니
- ☐ 姐姐 jiějie 누나(언니)
- ☐ 妹妹 mèimei 여동생

국적/언어

- ☐ 韩国人 Hánguórén 한국인
- ☐ 中国人 Zhōngguórén 중국인
- ☐ 美国人 Měiguórén 미국인
- ☐ 韩语 Hányǔ 한국어
- ☐ 汉语 Hànyǔ 중국어
- ☐ 英语 Yīngyǔ 영어

의문대사 / 의문사

- [ ] 什么 shénme 무엇
- [ ] 哪 nǎ 어느
- [ ] 几 jǐ 몇
- [ ] 呢 ne ~는요?
- [ ] 谁 shéi 누구
- [ ] 哪儿 nǎr 어디
- [ ] 吗 ma ~입니까?
- [ ] 吧 ba ~이지요?

동사 / 형용사

- [ ] 叫 jiào ~라고 부르다
- [ ] 见 jiàn 보다, 만나다
- [ ] 认识 rènshi (사람을)알다
- [ ] 做 zuò 하다
- [ ] 贵 guì 귀하다
- [ ] 姓 xìng 성이 ~이다
- [ ] 是 shì ~이다
- [ ] 有 yǒu 있다
- [ ] 好 hǎo 좋다
- [ ] 高兴 gāoxìng 기쁘다

명사

- [ ] 老师 lǎoshī 선생님
- [ ] 医生 yīshēng 의사
- [ ] 朋友 péngyou 친구
- [ ] 书 shū 책
- [ ] 家 jiā 집
- [ ] 大学生 dàxuéshēng 대학생
- [ ] 医院 yīyuàn 병원
- [ ] 名字 míngzi 이름
- [ ] 历史 lìshǐ 역사
- [ ] 工作 gōngzuò 일

부사

- [ ] 再 zài 다시
- [ ] 也 yě ~도, 또한
- [ ] 不 bù ~하지 않다[동사/형용사 부정]
- [ ] 很 hěn 아주, 매우
- [ ] 都 dōu 모두
- [ ] 没 méi ~하지 않다[有 부정]

기타

- [ ] 个 gè ~개[사람, 사물 등을 세는 양사]
- [ ] 口 kǒu 명[식구를 세는 양사]
- [ ] 在 zài ~에서
- [ ] 的 de ~의[소유격을 나타내는 조사]
- [ ] 和 hé ~와, 그리고

아래 밑줄에 한국어 단어에 해당하는 중국어 단어를 쓰세요.

가족

❶ 아빠 _____   ❺ 오빠 _____

❷ 엄마 _____   ❻ 언니 _____

❸ 할아버지 _____   ❼ 남동생 _____

❹ 할머니 _____   ❽ 여동생 _____

국적 / 언어

❶ 한국인, 한국어 _____, _____

❷ 중국인, 중국어 _____, _____

❸ 미국인, 영어 _____, _____

신분 / 직업

❶ 선생님 _____   ❹ 간호사 _____

❷ 대학생 _____   ❺ 요리사 _____

❸ 의사 _____   ❻ 가정주부 _____

숫자

❶ 영, 0 _____   ❺ 일천 _____

❷ 여섯, 6 _____   ❻ 일만 _____

❸ 아홉, 9 _____   ❼ 일억 _____

❹ 일백 _____

주요 회화

감사/사과

A 谢谢！
Xièxie!

B 不客气。
Bú kèqi.

A 对不起。
Duìbuqǐ.

B 没关系。
Méi guānxi.

인사

A 你好！
Nǐ hǎo!

B 你好！
Nǐ hǎo!

A 你好吗?
Nǐ hǎo ma?

B 很好。
Hěn hǎo.

국적 묻기

A 你是哪国人?
Nǐ shì nǎ guó rén?

B 我是韩国人。
Wǒ shì Hánguórén.

A 你是中国人吗?
Nǐ shì Zhōngguórén ma?

B 我不是中国人，我是韩国人。
Wǒ bú shì Zhōngguórén, wǒ shì Hánguórén.

이름 묻기

A 你叫什么名字?
Nǐ jiào shénme míngzi?

B 我叫吴希。
Wǒ jiào Wú Xī.

A 老师，您贵姓?
Lǎoshī, nín guì xìng?

B 我姓王，叫王林。
Wǒ xìng Wáng, jiào Wáng Lín.

물건 묻기

A 这是什么?
Zhè shì shénme?

B 这是书。
Zhè shì shū.

A 这是谁的书?
Zhè shì shéi de shū?

B 这是我的书。
Zhè shì wǒ de shū.

가족 묻기

A 你家有几口人?
Nǐ jiā yǒu jǐ kǒu rén?

B 四口人。
Sì kǒu rén.

A 你家有什么人?
Nǐ jiā yǒu shénme rén?

B 我家有爸爸、妈妈、姐姐和我。
Wǒ jiā yǒu bàba、māma、jiějie hé wǒ.

A 你有妹妹吗?
Nǐ yǒu mèimei ma?

B 我没有妹妹，我有一个哥哥。
Wǒ méiyǒu mèimei, wǒ yǒu yí ge gēge.

직업 묻기

A 你做什么工作?
Nǐ zuò shénme gōngzuò?

B 我是医生。
Wǒ shì yīshēng.

A 你在哪儿工作?
Nǐ zài nǎr gōngzuò?

B 我在北京医院工作。
Wǒ zài Běijīng yīyuàn gōngzuò.

회화 체크

아래의 한국어 문장을 중국어로 바꿔서 말해 보세요.

이름 묻기

❶ 이름이 뭐예요?
❷ 제 이름은 우시예요. 성함이 어떻게 되세요?
❸ 내 성은 왕씨이고, 이름은 왕린이에요.

안부 묻기

❶ 잘 지내?
❷ 잘 지내, 너는?
❸ 나도 잘 지내.

국적 묻기

❶ 어느 나라 사람이에요?
❷ 저는 한국인이에요. 당신은 중국인인가요?
❸ 저는 중국인이 아니고 미국인이에요.

가족 묻기

❶ 가족이 몇 명이에요?
❷ 다섯 명이에요.
❸ 여동생이 있어요?
❹ 여동생은 없고, 오빠가 있어요.

주요 어법

01 是자문 : A是B는 'A는 B이다'를 나타냅니다. 是의 부정형은 不是입니다.

我是韩国人。 나는 한국인입니다.

我不是韩国人。 나는 한국인이 아닙니다.

02 有자문 : A有B는 'A는 B가 있다'를 나타냅니다. 有의 부정형은 没有입니다.

我有妹妹。 나는 여동생이 있습니다.

我没有妹妹。 나는 여동생이 없습니다.

03 의문문 : 의문문은 세 가지 방식으로 만듭니다.

- **문장 끝에 의문조사 붙이기**

  你是韩国人吗? 당신은 한국인입니까?

  你有妹妹吧? 당신은 여동생이 있지요?

  你呢? 당신은요?

- **의문대사 사용**

  她是谁? 그녀는 누구입니까?

  这是什么? 이것은 무엇입니까?

  你家有几口人? 당신의 가족은 몇 명입니까?

- **정반의문문(긍정형 + 부정형)**

  你是不是韩国人? 당신은 한국인입니까 아닙니까?

  你有没有妹妹? 당신은 여동생이 있습니까 없습니까?

04 소유격 조사 的 : 소유격을 나타내는 조사 的는 기본적으로 한국어 '~의'와 용법이 비슷합니다.

这是谁的书? 이것은 누구의 책입니까?

这是我的书。 이것은 나의 책입니다.

● 的 뒤의 명사는 생략할 수 있습니다.

这是谁的? 이것은 누구의 것입니까?

这是我的。 이것은 나의 것입니다.

05 양사 : 중국어는 '수사 + 양사 + 명사'의 순서로 씁니다.

四口人 가족 네 명

两个妹妹 여동생 두 명

06 개사 在 : 在는 '~에서'라는 의미입니다.

你在哪儿工作? 당신은 어디에서 일을 합니까?

我在北京医院工作。 나는 베이징병원에서 일을 합니다.

1 〈보기〉에서 알맞은 단어를 골라 문장을 완성해 보세요. 단어가 두 번 쓰일 수도 있습니다.

보기

| 吗 | 不 | 是 | 没 | 有 | 的 |
| 个 | 什么 | 几 | 谁 | 呢 | |

① 我_____是韩国人。

② 你是_____中国人?

③ 你有妹妹_____?

④ 我_____妹妹，我有一_____哥哥。

⑤ 你家有_____口人?

⑥ 我家有四口人。你家_____?

⑦ A 这是_____书? B 是历史书。

⑧ A 这是_____书? B 是我的书。

2 다음 한국어 문장을 중국어로 바꿔 보세요.

① 당신은 한국인입니까 아닙니까?

　_____

② 나는 여동생이 없고, 언니가 두 명 있습니다.

　_____

③ 저것은 무엇입니까?

　_____

④ 이것은 나의 것입니다.

　_____

⑤ 나는 베이징대학에서 일을 합니다.

　_____

● 그림을 보고 이번 과에서 다루어질 내용을 생각해 보세요!

UNIT 07

Jīntiān jǐ yuè jǐ hào?

今天几月几号?

오늘은 몇 월 며칠입니까?

학습 목표
- 날짜 표현
- 나이를 묻는 표현
- 요일 표현
- 명사술어문

今天	jīntiān	명	오늘
月	yuè	명	월
号	hào	명	일
二	èr	수	둘, 2
生日	shēngrì	명	생일
什么时候	shénme shíhou	대	언제
七	qī	수	칠, 7
星期	xīngqī	명	주, 요일
星期几	xīngqī jǐ		무슨 요일
六	liù	수	여섯, 6
星期六	xīngqīliù	명	토요일
明天	míngtiān	명	내일
今年	jīnnián	명	올해
多大	duō dà		(나이가) 얼마입니까?
岁	suì	양	살, 세
对	duì	형	맞다
一起	yìqǐ	부	같이
吃饭	chīfàn	동	밥을 먹다
怎么样	zěnmeyàng	대	어떻다
啊	a	조	문장 끝에 붙어 감탄의 의미를 나타내거나 말투를 부드럽게 해줌

문형연습   Sentence

1 오늘은 몇 월 며칠입니까?

jǐ hào
jǐ yuè jǐ hào
Jīntiān jǐ yuè jǐ hào?
今天几月几号?

2 오늘은 무슨 요일입니까?

jīntiān
xīngqī jǐ
Jīntiān xīngqī jǐ?
今天星期几?

3 내일은 토요일이지요?

xīngqīliù ba
shì xīngqīliù ba
Míngtiān shì xīngqīliù ba?
明天是星期六吧?

4 당신의 생일은 언제입니까?

shénme shíhou
shì shénme shíhou
Nǐ de shēngrì shì shénme shíhou?
你的生日是什么时候?

회화

회화 1 며칠 뒤면 징징의 생일이에요. 따웨이와 우시가 징징의 생일이 언제인지 이야기해요.

Dàwěi　Jīntiān jǐ yuè jǐ hào?
大伟　今天几月几号？

Wú Xī　Wǔ yuè èr hào.
吴希　五月二号。

Dàwěi　Jīngjīng de shēngrì shì shénme shíhou?
大伟　晶晶的生日是什么时候？

Wú Xī　Wǔ yuè qī hào.
吴希　五月七号。

Dàwěi　Qī hào shì xīngqī jǐ?
大伟　七号是星期几？

Wú Xī　Xīngqīliù.
吴希　星期六。

Dialogues

MP3 07-07

회화 2 ｜ 따웨이와 신화는 징징의 생일인 토요일에 다같이 밥을 먹기로 해요.

Dàwěi｜ Xīnhuá, míngtiān shì Jīngjīng de shēngrì.
大伟　　新华，明天是晶晶的生日。

Xīnhuá｜ Shì ma? Tā jīnnián duō dà?
新华　　是吗？她今年多大？

Dàwěi｜ Èrshísān suì.
大伟　　二十三岁。

Xīnhuá｜ Míngtiān shì xīngqīliù ba?
新华　　明天是星期六吧？

Dàwěi｜ Duì.
大伟　　对。①

Xīnhuá｜ Míngtiān wǒmen yìqǐ chīfàn, zěnmeyàng?
新华　　明天我们一起吃饭，怎么样？

Dàwěi｜ Hǎo a.
大伟　　好啊。

 ① 明天是星期六吧? 에 대한 대답으로 是라고 하면 '응', '그래' 정도의 의미이고, 对라고 하면 '맞아'라는 의미입니다.

어법

01 날짜 표현

년	월	일
èr líng yī qī nián 二零一七年 2017년	shíyī yuè 十一月 11월	èrshíqī hào/rì 二十七号/日 27일

(1) '연도'를 읽을 때는 숫자를 하나씩 읽고, 마지막에 年을 붙입니다.
(2) '월'을 읽을 때는 숫자 뒤에 月를 붙입니다.
(3) '일'을 읽을 때는 숫자 뒤에 号 또는 日를 붙입니다. 号는 구어에서, 日는 문어에서 주로 씁니다.

qiánnián 前年 재작년	qùnián 去年 작년	jīnnián 今年 올해	míngnián 明年 내년	hòunián 后年 내후년
shàng shàng ge yuè 上上个月 지지난달	shàng ge yuè 上个月 지난달	zhè ge yuè 这个月 이번 달	xià ge yuè 下个月 다음 달	xià xià ge yuè 下下个月 다다음 달
qiántiān 前天 그제	zuótiān 昨天 어제	jīntiān 今天 오늘	míngtiān 明天 내일	hòutiān 后天 모레

02 나이를 묻는 표현

나이를 물을 때에는 多大와 几岁의 두 가지 표현을 주로 사용합니다. 대답할 때 나이가 두 자리 수 이상일 때는 岁를 생략할 수 있습니다.

Nǐ (jīnnián) duō dà?
A: 你(今年)多大? (올해) 몇 살이에요?
 (대략 열 살 이상의 사람에게 묻는 경우)

Èrshísān (suì).
B: 二十三(岁)。 23살입니다.

Nǐ (jīnnián) jǐ suì?
A: 你(今年)几岁? (올해) 몇 살이에요?
 (대략 열 살 이하의 어린이에게 묻는 경우)

Qī suì.
B: 七岁。 7살입니다.

Grammar

03 요일 표현

월요일부터 토요일까지는 星期 뒤에 一부터 六까지의 숫자를 붙여 표현하고, 일요일은 天이나 日를 붙입니다. 星期 대신 周 zhōu나 礼拜 lǐbài를 붙이기도 합니다.

xīngqīyī 星期一 월요일	xīngqī'èr 星期二 화요일	xīngqīsān 星期三 수요일	xīngqīsì 星期四 목요일	xīngqīwǔ 星期五 금요일

xīngqīliù 星期六 토요일	xīngqītiān/xīngqīrì 星期天/星期日 일요일

shàng shàng ge xīngqī 上上个星期 지지난 주	shàng ge xīngqī 上个星期 지난주	zhè ge xīngqī 这个星期 이번 주	xià ge xīngqī 下个星期 다음 주	xià xià ge xīngqī 下下个星期 다다음 주

04 명사술어문

날짜, 요일을 물어볼 때는 동사 是없이 명사구가 술어가 될 수 있습니다.

Jīntiān jǐ yuè jǐ hào?
A: 今天几月几号？ 오늘은 몇 월 며칠입니까?

Jīntiān wǔ yuè èr hào.
B: 今天五月二号。 오늘은 5월 2일입니다.

Jīntiān xīngqī jǐ?
A: 今天星期几？ 오늘은 무슨 요일입니까?

Jīntiān xīngqī'èr.
B: 今天星期二。 오늘은 화요일입니다.

그러나 주어가 특정한 날이거나, 부정문일 경우에는 是를 생략할 수 없습니다.

Nǐ de shēngrì shì liù yuè bā hào ba?
你的生日是六月八号吧？ 당신의 생일은 6월 8일이지요?

Jīntiān bú shì xīngqī'èr.
今天不是星期二。 오늘은 화요일이 아닙니다.

교체연습

MP3 07-08

01 [A] 是什么时候? A는 언제입니까?

Nǐ de shēngrì
你的生日

Kǎoshì
考试

Láodòng Jié
劳动节

Chūn Jié
春节

shì shénme shíhou?
是什么时候?

 考试 kǎoshì 명 시험 동 시험을 보다 |
劳动节 Láodòng Jié 고유 노동절(5월 1일) | 春节 Chūn Jié 고유 설, 춘절

MP3 07-09

02 [A] 是星期 [B] 。 A는 B요일입니다.

Míngtiān
明天

Wǔ yuè èr hào
五月二号

Èr yuè shíyī hào
二月十一号

Shíyī yuè bā hào
十一月八号

shì xīngqī
是星期

liù.
六。

sì.
四。

wǔ.
五。

tiān.
天。

Substitution drill

MP3 07-10

03 A 是 B 吧? A는 B이지요?

Zhè 这		nǐ de 你的
Míngtiān 明天	shì 是	nǐ de shēngrì 你的生日
Xīngqīsān 星期三		shí'èr hào 十二号
Xià xīngqīyī 下星期一		Láodòng Jié 劳动节

ba? 吧?

MP3 07-11

04 我们一起 A ，怎么样? 우리 같이 A하는 거 어때요?

Wǒmen yìqǐ 我们一起

| chīfàn, 吃饭, |
| qù, 去, |
| yùndòngyùndòng, 运动运动, |
| sànbù, 散步, |

zěnmeyàng? 怎么样?

 단어 运动 yùndòng 동 운동하다 | 散步 sànbù 동 산책하다

연습문제

1 🎧 MP3 07-12

녹음을 듣고 내용과 일치하는 문장에는 O, 일치하지 않는 문장에는 X표 하세요.

① (　　) 今天是星期一。

② (　　) 我的生日是五月三号。

③ (　　) 明天是晶晶的生日。

④ (　　) 今天我和晶晶一起吃饭。

2 🎧 MP3 07-13

녹음을 듣고 대화에서 말하는 노동절 劳动节 Láodòng Jié를 나타내는 달력을 고르세요.

①

②
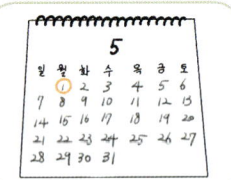

③

④

3 옆 사람과 함께 아래의 문장을 묻고 답해보세요.

① A 今天几月几号? B _____
② A 你的生日是几月几号? B _____
③ A 今天星期几? B _____
④ A 今年五月一号是星期几? B _____
⑤ A 你今年多大? B _____

4 아래에 제시된 문장을 가지고 옆 사람과 〈보기〉처럼 대화해 보세요.

보기
A 你是<u>大学生</u>吧?
B1 <u>对</u>,我是<u>大学生</u>。
B2 <u>不对</u>,我<u>不是</u><u>大学生</u>。我是<u>老师</u>。

제시문장

① A 你<u>是韩国人</u>吧?
B _____

② A 你<u>有一个弟弟</u>吧?
B _____

③ A 你<u>的生日是三月四号</u>吧?
B _____

④ A <u>明天是星期六</u>吧?
B _____

더 배워 볼까요? 자주 쓰는 동사

MP3 07-14

看 kàn
보다

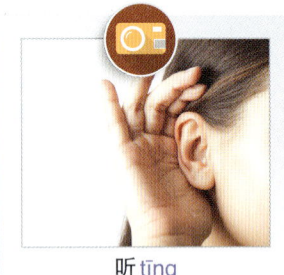
听 tīng
듣다

说 shuō
말하다

写 xiě
쓰다

来 lái
오다

去 qù
가다

吃 chī
먹다

喝 hē
마시다

学习 xuéxí
공부하다

休息 xiūxi
쉬다

买 mǎi
사다

卖 mài
팔다

중국인들이 좋아하는 숫자에 대해 말해보세요.

자동차 번호판 88888

숫자에 대한 중국사람들의 관심은 남다릅니다. 좋은 숫자로 구성된 자동차 번호판이나 휴대전화 번호가 비싼 값에 팔리는가 하면, 개막식이나 개업식 등 중요한 행사를 좋은 숫자로 구성된 날짜에 하려고도 합니다. 그럼 중국사람들은 어떤 숫자를 좋아할까요? 중국사람들이 가장 좋아하는 숫자는 8입니다. 八 bā가 发财 fācái '돈을 벌다'의 发 fā와 발음이 유사하기 때문이죠. 6과 9도 좋은 숫자입니다. 六 liù는 流 liú '순조롭다'와 발음이 유사하고, 九 jiǔ는 久 jiǔ '오래 지속되다'와 발음이 같기 때문입니다.

끝자리가 모두 8로 끝나는 가격표

2008년 8월 8일 오후 8시 8분에 개막한 베이징 올림픽

● 그림을 보고 이번 과에서 다루어질 내용을 생각해 보세요!

UNIT 08

Xiànzài jǐ diǎn?
现在几点?
지금 몇 시입니까?

학습 목표
- 시간 표현
- 연동문
- 명령/권유를 나타내는 조사 吧
- 여러 가지 인사 표현
- 어디 가는지 묻고 답하기

단어 / word

现在	xiànzài	명	지금
点	diǎn	양	시
半	bàn	수	반, 30분
课	kè	명	수업
上课	shàngkè	동	수업하다, 수업을 듣다
八	bā	수	여덟, 8
那	nà	접	그러면
快	kuài	부	빨리
起床	qǐchuáng	동	일어나다
吧	ba	조	~해라[문장 끝에서 명령의 의미를 나타냄]
早上	zǎoshang	명	아침
早	zǎo	형	이르다, 빠르다, 아침 인사로도 쓰임
去	qù	동	가다
银行	yínháng	명	은행
图书馆	túshūguǎn	명	도서관
下午	xiàwǔ	명	오후

문형연습　　　　　　　　　　　　　　Sentence

MP3 08-02

1 지금 몇 시입니까?

xiànzài
jǐ diǎn
Xiànzài jǐ diǎn?
现在几点?

MP3 08-03

2 수업이 몇 시입니까?

jǐ diǎn
shàngkè
Jǐ diǎn shàngkè?
几点上课?

MP3 08-04

3 빨리 일어나세요.

qǐchuáng
qǐchuáng ba
Kuài qǐchuáng ba.
快起床吧。

MP3 08-05

4 당신은 어디에 갑니까?

nǎr
qù nǎr
Nǐ qù nǎr?
你去哪儿?

회화

 MP3 08-06

회화 1 늦잠을 자는 따웨이를 룸메이트 신화가 깨우고 있어요.

Dàwěi Xiànzài jǐ diǎn?
大伟   现在几点？

Xīnhuá Qī diǎn bàn. Nǐ jīntiān yǒu méiyǒu kè?
新华   七点半。你今天有没有课？

Dàwěi Yǒu.
大伟   有。

Xīnhuá Jǐ diǎn shàngkè?
新华   几点上课？

Dàwěi Bā diǎn.
大伟   八点。

Xīnhuá Nà nǐ kuài qǐchuáng ba.
新华   那你快起床吧。

Dàwěi Hǎode, hǎode.
大伟   好的，好的。①

 Tip ① 好的는 好와 비슷한 뜻으로 '좋아', '알았어' 등의 의미로 쓰입니다. 好的가 好보다 어감이 좀 더 강합니다.

Dialogues

회화 2 따웨이는 수업을 들으러 가는 길에 은행에 가는 정호를 만났어요.

Zhènghào / 正浩: Dàwěi, zǎoshang hǎo! / 大伟，早上好！

Dàwěi / 大伟: Zǎo! Nǐ qù nǎr? / 早！你去哪儿？

Zhènghào / 正浩: Wǒ qù yínháng. Nǐ qù túshūguǎn ma? / 我去银行。你去图书馆吗？

Dàwěi / 大伟: Wǒ bú qù túshūguǎn, qù shàngkè. / 我不去图书馆，去上课。

Zhènghào / 正浩: Nǐ xiàwǔ yǒu kè ma? / 你下午有课吗？

Dàwěi / 大伟: Xiàwǔ méiyǒu kè. / 下午没有课。

Zhènghào / 正浩: Wǒmen xiàwǔ jiàn! / 我们下午见！

01 시간 표현

시	분	초	15분	30분/반	부족하다/ ~전	오전	오후	시간 (hour)
点 diǎn	分 fēn	秒 miǎo	刻 kè	半 bàn	差 chà	上午 shàngwǔ	下午 xiàwǔ	小时 xiǎoshí

1:01	yī diǎn líng yī fēn 一点零一分		2:02	liǎng diǎn líng èr fēn 两点零二分	
1:15	yī diǎn shíwǔ fēn 一点十五分	yī diǎn yí kè 一点一刻	2:45	liǎng diǎn sìshíwǔ fēn 两点四十五分	chà yí kè sān diǎn 差一刻三点
1:30	yī diǎn sānshí fēn 一点三十分	yī diǎn bàn 一点半	2:55	liǎng diǎn wǔshíwǔ fēn 两点五十五分	chà wǔ fēn sān diǎn 差五分三点
11:00	shíyī diǎn 十一点		12:00	shí'èr diǎn 十二点	
1시간	yí ge xiǎoshí 一个小时		2시간	liǎng ge xiǎoshí 两个小时	

一刻와 半은 자주 쓰이지만, 三刻는 잘 쓰이지 않습니다. 그리고 시간 표현에서 1은 성조 변화에, 2는 한자 사용에 특별히 주의해야 합니다.

yī diǎn 一点 1시   yī fēn 一分 1분

yí kè 一刻 15분, 잠시   yí ge xiǎoshí 一个小时 한 시간

liǎng diǎn 两点 2시   èr fēn 二分 2분

liǎng ge xiǎoshí 两个小时 두 시간

Tip 一는 양사 앞에 쓰일 때 일반적으로 뒤에 나오는 글자의 성조에 따라 성조가 변하지만, 一点, 一分에서 는 yī로 읽는 경우가 많습니다.
숫자 2는 '시간'을 말할 때는 两点, 两个小时로, '분'을 말할 때는 二分으로 씁니다.

Grammar

02 연동문

두 개 이상의 동사를 연이어 써서, 동사의 순서에 따라 동작이 발생함을 나타내는 문장을 '연동문'이라고 합니다.

Wǒ qù shàngkè.
我去上课。 나는 수업하러(들으러) 가요.

Wǒ qù chīfàn.
我去吃饭。 나는 밥을 먹으러 가요.

03 명령 / 권유를 나타내는 조사 吧

6과에서 吧가 추측을 나타낸다고 배웠죠? 吧는 명령이나 권유를 나타내기도 합니다.

Nǐ kuài qǐchuáng ba.
你快起床吧。 빨리 일어나세요.

Nǐ kuài chīfàn ba.
你快吃饭吧。 빨리 밥을 먹어요.

04 여러 가지 인사 표현

2과에서 배웠던 你好！, 再见！ 외에도, 평소에 자주 쓰이는 다음과 같은 인사말들이 있습니다.

早！ Zǎo!		
早上好！ Zǎoshang hǎo!	아침 인사	
早安！ Zǎo'ān!		
上午好！ Shàngwǔ hǎo!	오전 인사	
下午好！ Xiàwǔ hǎo!	오후 인사	
晚上好！ Wǎnshang hǎo!	저녁 인사	
晚安！ Wǎn'ān!	안녕히 주무세요!/잘 자!	
拜拜！ Báibái!	안녕!/잘 가! (영어 'Bye-bye'에서 온 표현으로, 윗사람에게는 사용하지 않습니다.)	

교체연습

MP3 08-08

01 现在 [A] ？/ 。 지금은 A(시간)입니까? / 니다.

Xiànzài
现在

jǐ diǎn?
几点?

sān diǎn yí kè.
三点一刻。

qī diǎn líng wǔ fēn.
七点零五分。

chà shí fēn liǎng diǎn.
差十分两点。

 一刻 yí kè 명 15분 | 分 fēn 양 분 | 差 chà 동 부족하다, 모자라다

MP3 08-09

02 几点 [A] ？ 몇 시에 A를 합니까?

Jǐ diǎn
几点

shàngkè?
上课?

chīfàn?
吃饭?

shàngbān?
上班?

xiàbān?
下班?

 上班 shàngbān 동 출근하다 | 下班 xiàbān 동 퇴근하다

substitution drill

MP3 08-10

03 我去 [A]。　나는 A(장소)에 갑니다.

Wǒ qù
我去

yínháng.
银行。

shūdiàn.
书店。

xuéxiào.
学校。

gōngyuán.
公园。

단어 书店 shūdiàn 명 서점 | 公园 gōngyuán 명 공원

MP3 08-11

04 我去 [A]。　나는 A(동사)하러 갑니다.

Wǒ qù
我去

shàngkè.
上课。

xiūxi.
休息。

xuéxí.
学习。

shuìjiào.
睡觉。

단어 休息 xiūxi 동 쉬다 | 学习 xuéxí 동 공부하다 | 睡觉 shuìjiào 동 잠을 자다

연습문제

1 녹음에서 들려주는 시간에 해당하는 그림을 연결하세요.

2 아래에 제시된 단어들을 참고해서, 옆 사람과 〈보기〉처럼 대화해 보세요.

보기
A 你几点上课?
B 我八点上课。

上课 / 八点

下课　　　　吃饭　　　　起床　　　　睡觉

단어　下课 xiàkè 동 수업이 끝나다

Exercise

3 녹음을 듣고 내용과 일치하는 문장에는 O, 일치하지 않는 문장에는 X표 하세요.

① (　　) 现在八点二十五分。

② (　　) 大伟今天没有课。

③ (　　) 大伟九点上课。

4 아래에 제시된 단어들을 참고해서, 옆 사람과 〈보기〉처럼 대화해 보세요.

보기
A 你去哪儿?
B 我去图书馆, 你呢?
A 我去银行。

图书馆 / 银行

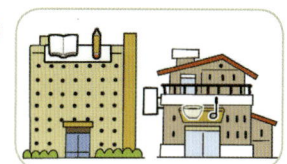
图书馆 / 食堂

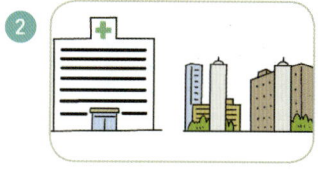
医院 / 北京大学

公园 / 银行

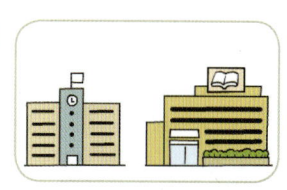
学校 / 书店

단어　食堂 shítáng 명 (학교, 회사 등의) 식당 ｜ 北京大学 Běijīng dàxué 고유 베이징대학

더 배워 볼까요? 장소

MP3 08-14

邮局 yóujú
우체국

食堂 shítáng
(학교, 회사 등의) 식당

餐厅 cāntīng
음식점

洗手间 xǐshǒujiān
화장실

大使馆 dàshǐguǎn
대사관

博物馆 bówùguǎn
박물관

美术馆 měishùguǎn
미술관

动物园 dòngwùyuán
동물원

超市 chāoshì
슈퍼마켓

市场 shìchǎng
시장

机场 jīchǎng
공항

火车站 huǒchēzhàn
기차역

중국의 전통 시간 개념에 대해 알아보세요.

중국어로 '시간(hour)'은 **小时** xiǎoshí라고 합니다. 그런데 왜 '시(时)' 앞에 小를 붙일까요? 그것은 바로 '시(时)'라는 개념이 전통적으로는 지금과 다르게 쓰였기 때문입니다. 중국사람들은 옛날에 하루를 24시간이 아닌 12시간으로 나눴습니다. 각각의 시간에는 '자축인묘진사오미신유술해'라는 12지 동물의 이름을 붙였고요. 각각의 '시(时)' 사이는 현재의 두 시간입니다. 그래서 현재의 한 시간이 옛날의 '시(时)'보다 '작은 시(小时)'가 된 것이지요. (※ 현대 중국어에서 아래 동물들의 이름을 '자축인묘진사오미신유술해'에 해당하는 한자로 읽지는 않습니다.)

 쥐
자시(子时),
밤 11시~새벽 1시

 소
축시(丑时),
새벽 1시~3시

 호랑이
인시(寅时),
새벽 3시~5시

 토끼
묘시(卯时),
아침 5시~7시

 용
진시(辰时),
아침 7시~9시

 뱀
사시(巳时),
오전 9시~11시

 말
오시(午时),
오전 11시~오후 1시

 양
미시(未时),
오후 1시~3시

 원숭이
신시(申时),
오후 3시~5시

 닭
유시(酉时),
오후 5시~7시

 개
술시(戌时),
오후 7시~9시

 돼지
해시(亥时),
밤 9시~11시

● 그림을 보고 이번 과에서 다루어질 내용을 생각해 보세요!

UNIT 09

Túshūguǎn zài nǎr?

图书馆在哪儿?

도서관이 어디에 있습니까?

학습 목표
- 방위사
- 在와 有의 차이
- 去…怎么走?
- 就…了
- 길을 묻는 표현

단어 / Word

请问	qǐngwèn	말씀 좀 묻겠습니다
在	zài	동 ~에 있다
行人	xíngrén	명 행인
东门	dōngmén	명 동문
旁边	pángbiān	명 옆쪽
附近	fùjìn	명 부근
超市	chāoshì	명 슈퍼마켓
就	jiù	부 바로, 곧
那儿	nàr	대 저기, 거기
公园	gōngyuán	명 공원
怎么	zěnme	대 어떻게
走	zǒu	동 가다, 걷다
知道	zhīdào	동 알다
一直	yìzhí	부 계속, 줄곧
往	wǎng	개 ~쪽으로, ~을 향해
前	qián	명 앞
远	yuǎn	형 멀다
分钟	fēnzhōng	명 분
到	dào	동 도착하다
了	le	조 상황의 변화나 새로운 상황의 출현을 나타내는 어기조사
就…了	jiù…le	(~하면) 곧 ~하다
不用	búyòng	~할 필요 없다
不用谢	búyòng xiè	뭘요, 별말씀을요

문형연습 — Sentence

MP3 09-02

1 도서관이 어디에 있습니까?

zài nǎr
Túshūguǎn zài nǎr?
图书馆在哪儿?

MP3 09-03

2 이 근처에 슈퍼마켓이 있습니까?

yǒu chāoshì ma
zhè fùjìn yǒu ma
Zhè fùjìn yǒu chāoshì ma?
这附近有超市吗?

MP3 09-04

3 공원에 어떻게 갑니까?

zěnme zǒu
gōngyuán zěnme zǒu
Qù gōngyuán zěnme zǒu?
去公园怎么走?

MP3 09-05

4 앞으로 쭉 가세요.

yìzhí zǒu
wǎng qián zǒu
Yìzhí wǎng qián zǒu.
一直往前走。

회화

회화 1 정호가 지나가는 사람에게 도서관과 슈퍼마켓의 위치를 물어봐요.

Zhènghào	Qǐngwèn, túshūguǎn zài nǎr?
正浩	请问，图书馆在哪儿？

xíngrén	Zài dōngmén pángbiān.
行人	在东门旁边。

Zhènghào	Zhè fùjìn yǒu chāoshì ma?
正浩	这附近有超市吗？

xíngrén	Yǒu, jiù zài nàr.
行人	有，就在那儿。

Zhènghào	Xièxie nín.
正浩	谢谢您。

xíngrén	Bú kèqi.
行人	不客气。

Dialogues

회화 2   정호가 지나가는 사람에게 공원에 어떻게 가는지 묻고 있어요.

Zhènghào   Qǐngwèn, qù gōngyuán zěnme zǒu?
正浩   请问，去公园怎么走？①

xíngrén 1   Duìbuqǐ, wǒ bù zhīdào.
行人 1   对不起，我不知道。

xíngrén 2   Wǒ zhīdào. Yìzhí wǎng qián zǒu.
行人 2   我知道。一直往前走。

Zhènghào   Yuǎn ma?
正浩   远吗？

xíngrén 2   Bù yuǎn, zǒu wǔ fēnzhōng jiù dào le.
行人 2   不远，走五分钟就到了。

Zhènghào   Xièxie!
正浩   谢谢！

xíngrén 2   Búyòng xiè.
行人 2   不用谢。②

① 이 문장은 去를 빼고 请问, 公园怎么走? 라고 말해도 됩니다.
② 谢谢!에 대한 대답으로 不客气 bú kèqi, 不用谢 búyòng xiè, 不谢 bú xiè 모두 자주 쓰입니다.

어법

01 방위사

방향을 나타내는 명사를 '방위사'라고 합니다. 자주 쓰이는 방위사에는 다음과 같은 종류가 있습니다.

东边 dōngbian 동쪽	西边 xībian 서쪽	南边 nánbian 남쪽	北边 běibian 북쪽
前边 qiánbian 앞쪽	后边 hòubian 뒤쪽	上边 shàngbian 위쪽	下边 xiàbian 아래쪽
左边 zuǒbian 왼쪽	右边 yòubian 오른쪽	里边 lǐbian 안쪽	外边 wàibian 바깥쪽
旁边 pángbiān 옆쪽	对面 duìmiàn 맞은편	中间 zhōngjiān 가운데	

边의 발음은 원래 biān으로 1성이지만, 방위사로 쓰일 때에는 旁边 '옆'을 제외하고 나머지 경우에는 성조가 약해져서 경성으로 발음합니다.

지시대사 这, 那, 의문대사 哪를 이용해서도 위치를 표현할 수 있습니다.

여기	这儿 zhèr	这里 zhèli	这边 zhèbiān
저기/거기	那儿 nàr	那里 nàli	那边 nàbiān
어디	哪儿 nǎr	哪里 nǎli	哪边 nǎbiān

02 在와 有의 차이

어떤 장소에 무언가가 있을 경우 在와 有를 사용하여 '있다'를 나타낼 수 있습니다. 그런데 두 동사의 용법에 차이가 있습니다.

Túshūguǎn zài dōngmén pángbiān.
图书馆在东门旁边。
도서관은 동문 옆에 있다.

사물 + [在 + 장소]
: 장소에 초점이 있어서 '~에 있다'를 나타냄

Zhè fùjìn yǒu chāoshì.
这附近有超市。
이 근처에 슈퍼마켓이 있다.

장소 + [有 + 사물]
: 사물에 초점이 있어서 '~이 있다'를 나타냄

Grammar

03 去公园怎么走?

去公园怎么走? 라는 문장에는 '가다'라는 의미의 동사 去와 走가 있습니다. 이 두 동사는 다음과 같은 차이가 있습니다.

去는 주로 목적지에 초점이 있습니다.

Nǐ qù nǎr?
你去哪儿? 당신은 어디 가세요?

Wǒmen qù gōngyuán ba.
我们去公园吧。 우리 공원에 갑시다.

走는 '가다', '걷다' 두 가지로 해석되며, 주로 걷는 동작 자체에 초점이 있습니다.

Gōngyuán zěnme zǒu?
公园怎么走?
공원에 어떻게 갑니까?

Wǒmen zǒu ba.
我们走吧。
우리 (여기에서 다른 곳으로) 갑시다. /
우리 (여기를) 떠납시다.

따라서 去와 走를 동시에 사용하면 '~에 가려면, 어떻게 갑니까?' 정도로 해석할 수 있습니다.

Qù gōngyuán zěnme zǒu?
去公园怎么走? 공원에 가려면 어떻게 갑니까?

04 就…了

어기조사 了는 상황이 변했거나 새로운 상황이 출현했음을 나타냅니다.

Wǒ è le.
我饿了。
나 배고파요. (배고파 졌어요)

Wǒ kě le.
我渴了。
나 목말라요. (목말라 졌어요)

단어 饿 è 혱 배고프다 | 渴 kě 혱 목마르다

변화를 나타내는 了는 '곧'이라는 의미의 부사 就와 자주 같이 쓰입니다.

Zǒu wǔ fēnzhōng jiù dào le.
走五分钟就到了。 걸어서 5분이면 곧 도착합니다.

교체연습

 MP3 09-08

01 A 在哪儿? A는 어디에 있습니까?

Túshūguǎn
图书馆

Yóujú
邮局

Xǐshǒujiān
洗手间

Māma
妈妈

zài nǎr?
在哪儿?

단어 邮局 yóujú 명 우체국 | 洗手间 xǐshǒujiān 명 화장실

 MP3 09-09

02 这附近有 A 吗? 이 근처에 A가 있습니까?

Zhè fùjìn yǒu
这附近有

chāoshì
超市

gōngyuán
公园

yóujú
邮局

yínháng
银行

ma?
吗?

Substitution drill

 MP3 09-10

03 图书馆在 [A]。 도서관은 A에 있습니다.

Túshūguǎn zài
图书馆在

dōngmén pángbiān.
东门旁边。

yínháng yòubian.
银行右边。

yóujú zuǒbian.
邮局左边。

chāoshì duìmiàn.
超市对面。

 MP3 09-11

04 请问, 去 [A] 怎么走? 말씀 좀 묻겠습니다. A에 어떻게 가나요?

Qǐngwèn, qù
请问, 去

gōngyuán
公园

Běijīng zhàn
北京站

Běijīng yīyuàn
北京医院

Běijīng dàxué
北京大学

zěnme zǒu?
怎么走?

🔖 단어 北京站 Běijīng zhàn [고유] 베이징 역

연습문제

1 녹음을 듣고, 우체국의 위치를 고르세요.

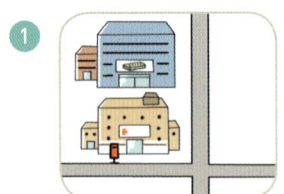

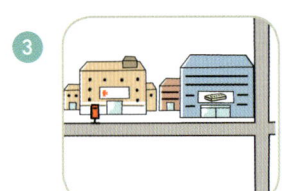
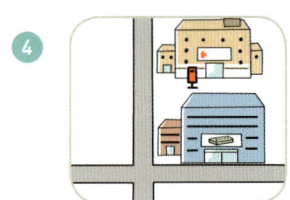

※ 방향은 보는 사람을 기준으로 함

2 녹음을 듣고 빈칸에 알맞은 한자를 쓰세요.

行人　请问，　　　　　北京站　　　　　？

正浩　对不起，我　　　　　。大伟，你知道吗？

大伟　知道。一直　　　　　。

行人　北京站　　　　　？

大伟　　　　　　。走十分钟　　　　　。

Exercise

3 빈칸에 有와 在 중에서 알맞은 것을 써 넣으세요.

① 我 ☐ 一本书。

② 我的书 ☐ 桌子上。※

③ 他现在 ☐ 学校。

④ 桌子上 ☐ 一本书。

※ 앞에서 上边 shàngbian이 위쪽이라고 배웠죠? 한국어도 '위', '위쪽' 둘 다 사용하는 것처럼, 중국어도 上, 上边 모두 사용합니다.

4 아래에 제시된 단어들을 참고해서, 옆 사람과 〈보기〉처럼 대화해 보세요.

보기

A 请问，银行在哪儿?
B1 银行在图书馆前边。
B2 银行在邮局对面。

超市 / 医院 / 书店 /
图书馆 / 学校 / 邮局

더 배워 볼까요? 자주 쓰는 형용사

MP3 09-14

大 dà
크다

小 xiǎo
작다

多 duō
많다

少 shǎo
적다

长 cháng
길다

短 duǎn
짧다

远 yuǎn
멀다

近 jìn
가깝다

快 kuài
빠르다

慢 màn
느리다

忙 máng
바쁘다

累 lèi
피곤하다

중국의 도시 구획에 대해 알아보세요.

중국에서 길을 찾을 때는 동서남북 방위를 파악하는 것이 기본입니다. 왜냐하면 대부분의 도시가 동서남북 직선으로 구획되어 건설되었기 때문입니다. 그래서 대학교 캠퍼스에도 동문, 서문, 남문, 북문이 있는 경우가 많습니다. 자금성 **紫禁城** Zǐjìnchéng, 천단 **天坛** Tiāntán 등 면적이 넓은 관광지에서도 동서남북 방위만 알면 길을 쉽게 찾을 수 있지요.

베이징 시내 주요 도로 지도

자금성 간략도

● 그림을 보고 이번 과에서 다루어질 내용을 생각해 보세요!

UNIT 10

Duōshao qián?
多少钱?
얼마예요?

학습 목표
- 금액 표현
- 太…了
- 吧의 여러 가지 용법
- 물건 사고 가격 흥정하기

단어

售货员	shòuhuòyuán	명	판매원
要	yào	동	원하다
哪个	nǎ ge		어느 것
多少	duōshao	대	얼마
钱	qián	명	돈
块	kuài	양	위안[중국 화폐 단위]
太	tài	부	너무
贵	guì	형	비싸다
了	le	조	문장 끝에 쓰여 말투를 부드럽게 해줌
便宜	piányi	형 싸다 동	싸게 하다
(一)点儿	(yì)diǎnr	수량	조금
苹果	píngguǒ	명	사과
斤	jīn	양	근[중국에서는 품목에 상관없이 한 근을 500g으로 통일함]
西瓜	xīguā	명	수박
卖	mài	동	팔다
买	mǎi	동	사다
两	liǎng	수	둘, 2
一共	yígòng	부	모두

문형연습 — Sentence

1 저거 주세요.

nà ge
yào nà ge
Wǒ yào nà ge.
我要那个。

2 이거 얼마예요?

zhè ge
duōshao qián
Zhè ge duōshao qián?
这个多少钱?

3 이거 어떻게 파세요(이거 얼마예요)?

zhè ge
zěnme mài
Zhè ge zěnme mài?
这个怎么卖?

4 사과 두 근 주세요.

liǎng jīn píngguǒ
wǒ mǎi liǎng jīn
Wǒ mǎi liǎng jīn píngguǒ.
我买两斤苹果。

회화

MP3 10-06

회화 1 민정이가 기념품 가게에서 물건을 사면서 가격을 흥정해요.

shòuhuòyuán	Nǐ yào nǎ ge?	
售货员	你要哪个？	
Mǐnjìng	Wǒ yào nà ge.	
敏静	我要那个。	
shòuhuòyuán	Zhè ge ma?	
售货员	这个吗？	
Mǐnjìng	Duì. Duōshao qián?	
敏静	对。多少钱？①	
shòuhuòyuán	Èrshí'èr kuài qián.	
售货员	二十二块钱。	
Mǐnjìng	Tài guì le, piányi diǎnr ba.	
敏静	太贵了，② 便宜点儿吧。③	
shòuhuòyuán	Nà jiù èrshí ba.	
售货员	那就二十吧。④	

 Tip

① 6과에서 배웠던 의문대사 几는 십 이하의 숫자를 물어볼 때 쓰고, 多少는 십 이상의 숫자를 물어볼 때 씁니다.
② 앞에서 了가 변화를 나타내는 용법으로 쓰인다고 배웠죠? 了는 말투를 부드럽게 해주는 조사로도 많이 쓰입니다.
③ 点儿은 一点儿에서 一가 생략된 형태로, '조금'을 뜻합니다. 点儿은 diǎnr이라고 표기하지만, diǎr로 발음합니다.
④ 9과에서 就가 '바로'라는 의미를 나타낸다고 배웠죠? 那就는 '그러면 ~합시다'를 나타낼 때 습관적으로 쓰입니다.

Dialogues

MP3 10-07

회화 2 수진이는 집에 가는 길에 과일 가게에 들러 사과와 수박을 사요.

秀珍 Xiùzhēn: Nǐ hǎo! Píngguǒ duōshao qián yì jīn?
你好！苹果多少钱一斤？⑤

售货员 shòuhuòyuán: Bā kuài yì jīn.
八块一斤。

秀珍 Xiùzhēn: Xīguā zěnme mài?
西瓜怎么卖？

售货员 shòuhuòyuán: Xīguā yí kuài qián yì jīn.
西瓜一块钱一斤。

秀珍 Xiùzhēn: Wǒ mǎi liǎng jīn píngguǒ、bàn ge xīguā. Yígòng duōshao qián?
我买两斤苹果、半个西瓜。一共多少钱？

售货员 shòuhuòyuán: Yígòng èrshíliù kuài sì.
一共二十六块四。

⑤ 중국에서는 과일이나 채소를 주로 무게에 따라 판매합니다. 5块/斤(5원/1근), 5块/3斤(5원/3근) 이런 가격표를 쉽게 볼 수 있습니다. 한 근은 과일이나 육류 등 품목에 상관없이 모두 500g 입니다.

01 금액 표현

중국화폐의 이름은 인민폐 人民币 Rénmínbì이며, 화폐단위는 다음과 같습니다.

块 kuài (元 yuán) – 毛 máo (角 jiǎo) – 分 fēn

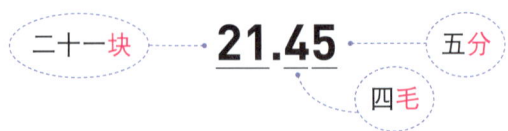

块 kuài, 毛 máo는 구어에서 사용하는 표현이고, 元 yuán, 角 jiǎo는 문어에서 사용하는 표현입니다. 分 fēn은 단위가 너무 작아서 일상생활에서는 잘 쓰이지 않습니다.
인민폐는 다음과 같이 읽습니다.

표기법	읽는 법	
7元	七块(钱)	단위가 하나만 나올 때는 숫자 뒤에 단위를 붙입니다. 块/毛/分 뒤에 钱 qián을 붙여서 읽기도 합니다.
0.5元	五毛(钱)	
0.01元	一分(钱)	
4.5元	四块五(毛)	단위가 두 개 이상 나올 때 마지막 단위는 생략할 수 있습니다.
21.43元	二十一块四毛三(分)	
15.04元	十五块零四分	毛자리의 숫자가 0일 때에는. 零 líng을 넣어서 읽습니다.
2.2元	两块两毛 两块二	2 뒤에 단위가 붙을 때는 两 liǎng으로 읽고, 단위가 붙지 않을 때는 二 èr로 읽습니다.

평소에 이야기할 때 24块, 100块 등 두 자리 이상의 숫자 뒤에 块가 붙은 경우, 块를 빼고 숫자만 이야기하는 경우도 많습니다.

Zhè ge èrshísì.
这个二十四。 이것은 24위안입니다.

Zhè ge yìbǎi.
这个一百。 이것은 100위안입니다.

뒷자리가 하나 또는 복수의 0으로 끝날 때에는 0에 해당하는 단위는 주로 생략해서 읽습니다.

Zhè ge yìbǎi wǔ.
这个一百五。 이것은 150위안입니다.

Zhè ge liǎngqiān sì.
这个两千四。 이것은 2400위안입니다.

Grammar

02 太…了

太…了는 '너무 ~하다'라는 표현입니다. 太는 한국어의 '너무'처럼 '지나치다'라는 의미를 지녀 주로 부정적인 의미의 형용사와 결합하다가, 요즘에는 긍정적인 의미의 형용사와도 결합하게 되었습니다. 太는 말투를 부드럽게 해 주는 조사 了와 같이 쓰이는 경우가 많습니다.

Tài guì le.	Tài piányi le.	Tài hǎo le.
太贵了。	太便宜了。	太好了。
너무 비싸요.	너무 싸요.	정말 좋아요.

03 吧의 여러 가지 용법

앞에서 吧가 추측이나 명령의 의미를 나타낸다고 배웠죠? 그런데 吧는 부탁이나 제안의 의미를 나타내기도 합니다.

(1) 추측

Míngtiān shì xīngqīliù ba?
明天是星期六吧?   내일은 토요일이지요?

(2) 명령

Nǐ kuài qǐchuáng ba.
你快起床吧。   빨리 일어나세요.

(3) 부탁

Tài guì le, piányi diǎnr ba.
太贵了，便宜点儿吧。   너무 비싸요. 깎아 주세요.

(4) 제안

Nà jiù èrshí ba.
那就二十吧。   그럼 20위안으로 합시다.

교체연습

MP3 10-08

01 我要 [A] 。 나는 A를 원합니다. (A를 주세요.)

Wǒ yào
我要

nà ge.
那个。

zhè ge.
这个。

liǎng jīn píngguǒ.
两斤苹果。

yì jīn cǎoméi.
一斤草莓。

단어 草莓 cǎoméi 명 딸기

MP3 10-09

02 太 [A] 了。 너무 A하네요.

Tài
太

guì
贵

shǎo
少

hǎo
好

máng
忙

le.
了。

단어 少 shǎo 형 적다

178

Substitution drill

03 怎么  ? A는 어떻게 B합니까?

Xīguā 西瓜		mài? 卖?
Zhè ge 这个	zěnme 怎么	chī? 吃?
Nǐ de míngzi 你的名字		xiě? 写?
Túshūguǎn 图书馆		zǒu? 走?

단어 写 xiě 동 쓰다

04 一共 。 모두 A(가격)입니다.

	èrshíliù kuài sì. 二十六块四。
Yígòng 一共	shí kuài qián. 十块钱。
	sānshíyī kuài wǔ. 三十一块五。
	yìbǎi sì. 一百四。

연습문제

1 MP3 10-12

녹음을 듣고 가격을 숫자로 쓰세요.

① ____
② ____
③ ____
④ ____

2 MP3 10-13

녹음을 듣고 따웨이가 산 물건과 가격을 고르세요.

①
15元

②
33.5元

③
23.5元

④
25元

3 빈칸을 채워서 대화를 완성하세요.

A 你要 ⬚ ？

B ⬚ 这个。这个 ⬚ ？

A 十一块五。

B ⬚ ，便宜点儿吧。

A ⬚ 十块吧。

4 아래에 제시된 단어들을 참고해서, 옆 사람과 〈보기〉처럼 대화해 보세요.

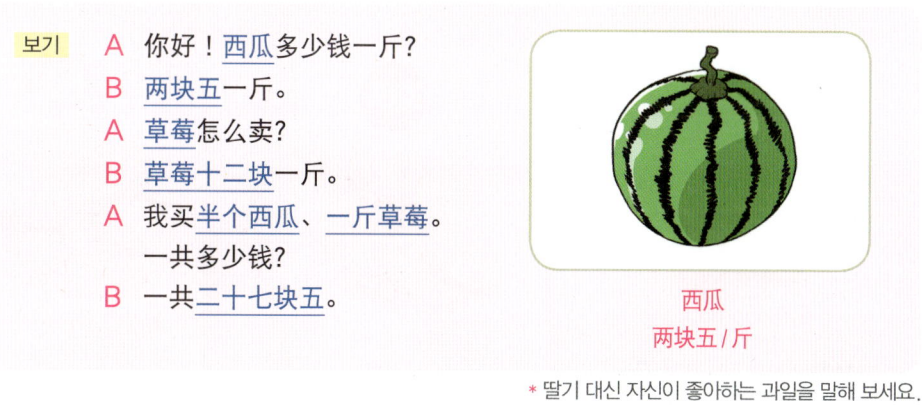

보기
A 你好！西瓜多少钱一斤？
B 两块五一斤。
A 草莓怎么卖?
B 草莓十二块一斤。
A 我买半个西瓜、一斤草莓。
  一共多少钱？
B 一共二十七块五。

西瓜
两块五/斤

* 딸기 대신 자신이 좋아하는 과일을 말해 보세요.

① 苹果
八块/斤

② 桃子
八块五/斤

③ 葡萄
五块/斤

단어 桃子 táozi 명 복숭아 | 葡萄 pútao 명 포도

더 배워 볼까요? ······ 과일

MP3 10-14

水果 shuǐguǒ
과일

柠檬 níngméng
레몬

樱桃 yīngtáo
앵두, 체리

梨 lí
배

橙子 chéngzi
오렌지

橘子 júzi
귤

香蕉 xiāngjiāo
바나나

菠萝 bōluó
파인애플

哈密瓜 hāmìguā 하미과
(신장성 하미 지역에서 나는 멜론)

荔枝 lìzhī
여지(리츠)

芒果 mángguǒ
망고

木瓜 mùguā
파파야

중국의 화폐에 대해 알아보세요.

현재 중국에서 유통되고 있는 인민폐 **人民币** Rénmínbì는 1999년에 발행된 것입니다. 중국 건국 50주년을 맞아 1元, 5元, 10元, 20元, 50元, 100元 지폐 앞면에 모두 마오저둥 **毛泽东** Máo Zédōng의 모습을 넣었습니다. 그 전에 발행된 지폐 앞면에는 소수민족의 모습이 있었는데, 지금도 가끔씩 구권이 유통되는 것을 볼 수 있습니다. 가장 작은 단위의 지폐인 1角, 5角는 1999년에 개정되지 않아 소수민족이 새겨진 예전 모습 그대로 유통됩니다.

동전은 1分 / 2分 / 5分 / 1角 / 5角 / 1元이 유통됩니다. 1角 / 5角 / 1元은 동전과 지폐가 같이 유통되는 점이 특이하지요.

● 그림을 보고 이번 과에서 다루어질 내용을 생각해 보세요!

UNIT 11

Míngtiān zuò shénme?
明天做什么?
내일 뭐 해요?

학습 목표
- 조동사 想, 要, 可以
- 접속사 和, 跟
- 관형격 조사 的
- 동사의 중첩
- 약속 시간과 장소 정하기
- 옷 쇼핑하기

단어 / Word

MP3 11-01

要	yào	조동 ~할 것이다, ~하려고 한다
衣服	yīfu	명 옷
想	xiǎng	조동 ~하고 싶다
跟	gēn	접 ~와
五道口	Wǔdàokǒu	고유 우다오코우[베이징 학원로에 있는 곳, 외국인들이 많이 거주]
见面	jiànmiàn	동 만나다
件	jiàn	양 벌[옷을 세는 양사]
还	hái	부 1. 그런대로, 비교적 2. 또한, 더
行	xíng	형 괜찮다, 좋다
别的	biéde	명 다른 것 형 다른
颜色	yánsè	명 색깔
红色	hóngsè	명 붉은색
黑色	hēisè	명 검은색
可以	kěyǐ	조동 ~해도 된다, ~할 수 있다
试	shì	동 (시험 삼아) 해 보다

 문형연습　　　　　　　　　　　Sentence

MP3 11-02

1　내일 뭐 해요?

zuò shénme
míngtiān zuò shénme
Nǐ míngtiān zuò shénme?
你明天做什么?

MP3 11-03

2　나는 옷을 사러 갈 거예요.

mǎi yīfu
qù mǎi yīfu
Wǒ yào qù mǎi yīfu.
我要去买衣服。

MP3 11-04

3　다른 색깔도 있어요?

yǒu biéde ma
yǒu biéde **yánsè** ma
Hái yǒu biéde yánsè ma?
还有别的颜色吗?

MP3 11-05

4　입어 봐도 되나요?

kěyǐ ma
Kěyǐ **shìshi** ma?
可以试试吗?

회화

MP3 11-06

회화 1 우시와 징징이 함께 옷을 사러 가기 위해 약속을 정해요.

Wú Xī   Nǐ míngtiān zuò shénme?
吴希   你明天做什么?

Jīngjīng   Wǒ yào qù mǎi yīfu.
晶晶   我要去买衣服。

Wú Xī   Shì ma? Wǒ yě xiǎng qù.
吴希   是吗？我也想去。

Jīngjīng   Nà nǐ gēn wǒ yìqǐ qù ba.
晶晶   那你跟我一起去吧。

Wú Xī   Hǎo a.
吴希   好啊。

Jīngjīng   Wǒmen shí diǎn zài Wǔdàokǒu jiànmiàn, hǎo bu hǎo?
晶晶   我们十点在五道口见面，好不好？

Wú Xī   Hǎo. Míngtiān jiàn!
吴希   好。明天见！

Dialogues

MP3 11-07

회화 2 우시가 징징에게 마음에 드는 옷이 어떤지 의견을 물어요.

Wú Xī 吴希	Zhè jiàn yīfu zěnmeyàng? 这件衣服怎么样?	
Jīngjīng 晶晶	Hái xíng. 还行。①	
Wú Xī 吴希	Nà jiàn ne? 那件呢?	
Jīngjīng 晶晶	Nà jiàn hěn hǎokàn. 那件很好看。	
Wú Xī 吴希	Nà jiàn hái yǒu biéde yánsè ma? 那件还有别的颜色吗?	
shòuhuòyuán 售货员	Yǒu hóngsè、hēisè de. 有红色、黑色的。	
Wú Xī 吴希	Kěyǐ shìshi ma? 可以试试吗?	
shòuhuòyuán 售货员	Kěyǐ. 可以。	

 ① '그런대로 괜찮다'라는 표현으로 还行을 자주 사용합니다. 还行은 还可以와 의미가 비슷합니다.

# 어법

01 조동사 想, 要, 可以

(1) 想: '~하고 싶다'라는 뜻의 조동사로, 부정형은 不想입니다.

　　Wǒ xiǎng mǎi yīfu.　　　　　　　　Wǒ bù xiǎng mǎi yīfu.
　　我想买衣服。　　　　　　　　　　我不想买衣服。
　　나는 옷을 사고 싶어요.　　　　　　나는 옷을 사고 싶지 않아요.

(2) 要: '~할 것이다', '~하려고 한다'라는 의미의 조동사입니다. 想이 막연한 바람을 나타낸다면, 要는 어떤 일에 대한 강한 의지 또는 계획 등을 나타냅니다. 要가 '~할 것이다'라는 의미로 쓰일 때 그 부정형은 不想입니다. (不要는 '~하지 마라'라는 명령의 뜻입니다.)

　　Wǒ yào mǎi yīfu.　　　　　　　　Wǒ bù xiǎng mǎi yīfu.
　　我要买衣服。　　　　　　　　　　我不想买衣服。
　　나는 옷을 살 거예요/사려고 해요.　　나는 옷을 사고 싶지 않아요.

(3) 可以: '~해도 된다'라는 뜻의 허락을 나타내는 조동사로, 부정형은 不可以입니다.

　　　　Kěyǐ shìshi ma?　　　　　　　　　Kěyǐ.
　　A: 可以试试吗?　　　　　　　　B: 可以。　됩니다.
　　　　입어 봐도 되나요?
　　　　　　　　　　　　　　　　　　　Bù kěyǐ.
　　　　　　　　　　　　　　　　　　B: 不可以。　안 됩니다.

02 접속사 和, 跟

和와 跟은 용법이 비슷하면서도 약간 차이가 있습니다. 기본적으로 두 단어 모두 '~와'라는 접속사 역할을 하는데, 이 때 跟이 和보다 더 구어적인 어감을 갖습니다.

Nǐ gēn wǒ yìqǐ qù ba.　Nǐ hé wǒ yìqǐ qù ba.
你跟我一起去吧。= 你和我一起去吧。　당신은 나와 같이 갑시다.

和는 대등한 관계의 명사가 여러 개 나올 경우 마지막 명사 앞에 붙어 '그리고'라는 의미로 쓰이는데, 跟은 이런 용법이 없습니다.

Wǒ jiā yǒu bàba、 māma、 jiějie hé wǒ.
我家有爸爸、妈妈、姐姐和我。　나의 가족은 아버지, 어머니, 언니 그리고 나입니다.

Grammar

 관형격 조사 的

4과에서 조사 的가 소유격을 나타낸다고 배웠죠?

| 我**的**书 wǒ de shū
나의 책 | 我**的** wǒ de
나의 것 | 他**的**笔 tā de bǐ
그의 펜 | 他**的** tā de
그의 것 |

的는 형용사, 동사 등의 뒤에 붙어서 '~ㄴ/은'이라는 관형사형을 만들 수도 있습니다. 소유격을 나타낼 때와 마찬가지로, 的 뒤의 명사는 생략할 수 있습니다.

别**的**衣服 biéde yīfu 다른 옷	别**的** biéde 다른 것
大**的**衣服 dà de yīfu 큰 옷	大**的** dà de 큰 것
我买**的**衣服 wǒ mǎi de yīfu 내가 산 옷	我买**的** wǒ mǎi de 내가 산 것

> 단어 大 dà 형 크다

 동사의 중첩 试试

한 동사를 연달아 두 번 쓰면, 그 동작을 가볍게 해 본다는 의미가 됩니다.
(1) 동사를 중첩할 때, 두 번째 동사는 경성으로 읽습니다.
(2) 동사를 중첩할 때, 가운데에 一를 넣을 수도 있으며, 경성으로 읽습니다. 하지만 이럴 경우 두 번째 동사는 경성으로 읽지 않습니다.

Kěyǐ shìshi ma? 可以试试吗?	Kěyǐ shì yi shì ma? 可以试一试吗?	(한 번) 해봐도 될까요?
Kěyǐ kànkan ma? 可以看看吗?	Kěyǐ kàn yi kàn ma? 可以看一看吗?	(한 번) 봐도 될까요?
Kěyǐ tīngting ma? 可以听听吗?	Kěyǐ tīng yi tīng ma? 可以听一听吗?	(한 번) 들어 봐도 될까요?

교체연습

MP3 11-08

01 你 [A] 做什么? 당신은 A(시간)에 뭐 하세요?

Nǐ 你

míngtiān 明天
xiàwǔ 下午
wǎnshang 晚上
zhōumò 周末

zuò shénme? 做什么?

 周末 zhōumò 명 주말

MP3 11-09

02 我要去 [A] 。 나는 A하러 갈 것입니다. (나는 A하러 가려고 합니다.)

Wǒ yào qù 我要去

mǎi yīfu. 买衣服。
chīfàn. 吃饭。
kàn diànyǐng. 看电影。
shuìjiào. 睡觉。

 电影 diànyǐng 명 영화

substitution drill

03 有 [A] 的吗?　A한 것 있습니까?

Yǒu 有

bié 别
xiǎo 小
báisè 白色
piányi 便宜

de ma? 的吗?

단어 小 xiǎo 형 작다 | 白色 báisè 명 흰색

04 可以 [A] 吗?　A해도 됩니까?

Kěyǐ 可以

shìshi 试试
xiūxi 休息
chī 吃
hē 喝

ma? 吗?

단어 喝 hē 동 마시다

연습 문제

1 MP3 11-12

녹음을 듣고 수진이가 산 옷을 고르세요.

①    ②

③    ④

2 MP3 11-13

녹음을 듣고 내일 두 사람이 할 일을 고르세요.

①    ②

③    ④

Exercise

3 빈칸에 들어갈 양사를 쓰세요.

① 一 [　] 苹果 사과 한 근 　　④ 两 [　] 妹妹 여동생 두 명

② 四 [　] 人 가족 네 명 　　⑤ 三 [　] 书 책 세 권

③ 一 [　] 衣服 옷 한 벌 　　⑥ 一 [　] 水 물 한 잔

단어　水 shuǐ 명 물

4 아래에 제시된 단어들을 참고해서, 옆 사람과 〈보기〉처럼 대화해 보세요.

보기
판매원: 这件衣服怎么样?
손님: 很好看。还有别的颜色吗?
판매원: 有<u>红色</u>、<u>黑色</u>的。
손님: 可以试试吗?
판매원: 可以。
손님: 我买这件。多少钱?
판매원: <u>一百五</u>。

红色 / 黑色 / 一百五

黑色 / 白色 / 一百八

黄色 / 蓝色 / 两百

단어　黄色 huángsè 명 노란색 | 蓝色 lánsè 명 파란색, 남색

더 배워 볼까요? 색깔

MP3 11-14

白色 báisè
흰색

黑色 hēisè
검은색

灰色 huīsè
회색

黄色 huángsè
노란색

米色 mǐsè
아이보리색, 미색

蓝色 lánsè
파란색, 남색

绿色 lǜsè
녹색

红色 hóngsè
붉은색

粉色 fěnsè
분홍색

紫色 zǐsè
자주색

棕色 zōngsè
갈색

咖啡色 kāfēisè
커피색

사진으로 배우는 중국문화

중국사람들이 좋아하는 색깔에 대해 알아보세요.

춘절에 거리를 장식하는 홍등

춘절의 폭죽과 세뱃돈 봉투 '홍빠오 红包'

중국사람들이 가장 좋아하는 색깔은 무엇일까요? 그것은 바로 붉은색입니다. 옛날부터 붉은색은 상서로운 색으로 여겨져 중요한 행사 때마다 빠짐없이 등장했습니다. 중국 최대 명절인 춘절에는 붉은색 폭죽을 터뜨리고, 붉은색 봉투란 의미의 홍빠오 **红包** hóngbāo에 세뱃돈을 넣어줍니다. 전통혼례에서 신부가 입는 예복도 붉은색이고, 축의금도 붉은색 봉투에 넣습니다. 지금도 거리의 간판이나 각종 인터넷 사이트 등이 붉은색 계열로 디자인된 경우가 많고, 중국 국기 또한 오성홍기 **五星红旗** Wǔxīng Hóngqí이니, 붉은색이 중국을 상징하는 색이라 해도 과언이 아니지요. 요즘에는 **红** hóng '붉다'가 '인기 있다', '잘 나간다'라는 뜻으로도 쓰입니다.

전통 혼례의상을 입은 신부

중국 국기 '오성홍기 五星红旗'

● 그림을 보고 이번 과에서 다루어질 내용을 생각해 보세요!

UNIT 12

Nǐ xiǎng chī shénme?
你想吃什么?
당신은 무엇을 먹고 싶습니까?

학습 목표
- 快…了
- '好 + 동사' 형식의 형용사
- 又…又…
- 음식을 주문할 때 자주 쓰는 양사
- 식당에서 음식 주문하기

단어 ···················· Word

快…了	kuài…le	곧 ~이 된다
菜	cài	명 요리
中国菜	Zhōngguó cài	명 중국요리
喜欢	xǐhuan	동 좋아하다
川菜	chuāncài	명 쓰촨요리
四川	Sìchuān	고유 쓰촨[지명]
餐厅	cāntīng	명 음식점
又	yòu	부 또, 또한[又…又… ~하기도 하고, ~하기도 하다]
好吃	hǎochī	형 맛있다
服务员	fúwùyuán	명 종업원
点菜	diǎncài	동 (음식을) 주문하다
来	lái	동 오다, 주세요[물건을 주문할 때 쓰는 말]
鱼香肉丝	yúxiāng ròusī	명 위샹러우쓰[요리명]
麻婆豆腐	mápó dòufu	명 마포떠우푸[요리명]
饮料	yǐnliào	명 음료
瓶	píng	양 병[병을 세는 양사]
可乐	kělè	명 콜라
主食	zhǔshí	명 주식
碗	wǎn	양 그릇[밥그릇이나 국그릇처럼 오목한 그릇을 셀 때 씀]
米饭	mǐfàn	명 쌀밥

문형연습　　　　　　　　　　　　　　　Sentence

MP3 12-02

1　우리 밥 먹으러 갑시다.

chīfàn ba
qù chīfàn ba
Wǒmen qù chīfàn ba.
我们去吃饭吧。

MP3 12-03

2　당신은 무엇을 먹고 싶습니까?

chī shénme
xiǎng chī shénme
Nǐ xiǎng chī shénme?
你想吃什么?

MP3 12-04

3　당신은 쓰촨요리를 좋아하세요?

xǐhuan ma
xǐhuan chuāncài ma
Nǐ xǐhuan chuāncài ma?
你喜欢川菜吗?

MP3 12-05

4　그곳의 요리는 맛있고 쌉니다.

nàr de cài hǎochī
yòu hǎochī yòu piányi
Nàr de cài yòu hǎochī yòu piányi.
那儿的菜又好吃又便宜。

회화

MP3 12-06

회화 1 점심시간이네요! 정호와 따웨이는 어느 식당에 갈지 상의하고 있어요.

Zhènghào / 正浩
Kuài shí'èr diǎn le, wǒmen qù chīfàn ba.
快十二点了，我们去吃饭吧。

Dàwěi / 大伟
Hǎode. Nǐ xiǎng chī shénme?
好的。你想吃什么？

Zhènghào / 正浩
Wǒ xiǎng chī Zhōngguó cài.
我想吃中国菜。

Dàwěi / 大伟
Nǐ xǐhuan chuāncài ma?
你喜欢川菜吗？

Zhènghào / 正浩
Xǐhuan.
喜欢。

Dàwěi / 大伟
Nà wǒmen qù Sìchuān cāntīng ba.
那我们去四川餐厅吧。

Zhènghào / 正浩
Hǎo. Nàr de cài yòu hǎochī yòu piányi.
好。那儿的菜又好吃又便宜。

Dialogues

MP3 12-07

회화 2　식당에서 따웨이가 요리를 주문하고, 음료와 주식도 주문해요.

Dàwěi　　Fúwùyuán! Diǎncài!
大伟　　　服务员！点菜！
　　　　　Lái yí ge yúxiāng ròusī hé mápó dòufu.
　　　　　来一个鱼香肉丝和麻婆豆腐。①

fúwùyuán　Yào shénme yǐnliào?
服务员　　要什么饮料？

Dàwěi　　Lái yì píng kělè ba.
大伟　　　来一瓶可乐吧。

fúwùyuán　Zhǔshí ne?
服务员　　主食呢？②

Dàwěi　　Lái liǎng wǎn mǐfàn.
大伟　　　来两碗米饭。

fúwùyuán　Hái yào biéde ma?
服务员　　还要别的吗？

Dàwěi　　Bú yào le, xièxie.
大伟　　　不要了，谢谢。

 Tip
① 来는 원래 '오다'라는 뜻이지만, 음식을 시킬 때는 '~주세요'라고 해석됩니다.
② 중국에서는 요리를 주문하면 밥이 따라 나오지 않고, 요리와 주식을 각각 주문합니다. 주식으로는 밥, 면, 만두, 죽 등이 있습니다.

01 快十二点了

변화를 나타내는 了는 '곧'이라는 의미의 부사 快와 자주 같이 쓰입니다.

Kuài shí'èr diǎn le.
快十二点了。 곧 12시가 된다.

Chūntiān kuài dào le.
春天快到了。 곧 봄이 온다.

> 단어 春天 chūntiān 명 봄

02 好吃

형용사 好가 동사 吃 앞에 오면, '맛있다(먹기에 좋다)'라는 형용사가 됩니다. '好 + 동사' 형식의 형용사가 여러 가지 있는데, 그 중에 대표적인 것들은 다음과 같습니다.

긍정	부정
好吃 hǎochī 맛있다	不好吃 bù hǎochī
好喝 hǎohē 맛있다(음료, 탕)	不好喝 bù hǎohē
好看 hǎokàn 보기 좋다, 재미있다 (옷, 영화, 얼굴 등)	不好看 bù hǎokàn
好听 hǎotīng 듣기 좋다(노래, 목소리 등)	不好听 bù hǎotīng
好玩儿 hǎowánr 놀기 좋다, 재미있다 (놀이공원, 관광지 등)	不好玩儿 bù hǎowánr
好用 hǎoyòng 사용하기 좋다	不好用 bù hǎoyòng

> 단어 玩儿 wánr 동 놀다 | 用 yòng 동 쓰다, 사용하다

03 又…又…

'다시', '또'를 뜻하는 又를 연달아 사용한 又…又…는 '~하기도 하고, ~하기도 하다'라는 뜻을 나타냅니다.

Zhè ge yòu hǎokàn yòu piányi.
这个**又**好看**又**便宜。 이것은 예쁘고 저렴해요.

Wǒ xiànzài yòu máng yòu lèi.
我现在**又**忙**又**累。 나는 지금 바쁘고 피곤해요.

04 음식을 주문할 때 자주 쓰는 양사

식당에서 음식을 주문할 때는 양사가 많이 쓰입니다. 다음은 식당에서 자주 쓰이는 양사입니다.

个 ge 개 [일반적인 요리]	一个鱼香肉丝 yí ge yúxiāng ròusī 위샹러우쓰 하나
碗 wǎn 그릇 [밥그릇이나 국그릇처럼 오목한 그릇]	一碗米饭 yì wǎn mǐfàn 밥 한 그릇
杯 bēi 컵, 잔	一杯水 yì bēi shuǐ 물 한 잔
瓶 píng 병	一瓶可乐 yì píng kělè 콜라 한 병
只 zhī 마리	一只烤鸭 yì zhī kǎoyā 오리구이 한 마리
双 shuāng 쌍 [젓가락이나 양말 등 짝이 있는 것]	一双筷子 yì shuāng kuàizi 젓가락 한 쌍

🔖 단어   烤鸭 kǎoyā 몡 오리구이 | 筷子 kuàizi 몡 젓가락

교체연습

MP3 12-08

01 我们 [A] 吧。 우리 A합시다.

Wǒmen	qù chīfàn	ba.
我们	去吃饭	吧。
	huíjiā	
	回家	
	xiūxi	
	休息	
	xuéxí	
	学习	

 단어 回家 huíjiā 통 집에 돌아가다(자신의 집에 갈 때는 去가 아니라 回를 씁니다.)

MP3 12-09

02 你想 [A] 什么? 당신은 무엇을 A하고 싶으세요?

Nǐ xiǎng	chī	shénme?
你想	吃	什么?
	hē	
	喝	
	kàn	
	看	
	mǎi	
	买	

substitution drill

MP3 12-10

03 你喜欢 [A] 吗? 당신은 A를 좋아하세요?

| Nǐ xǐhuan 你喜欢 | chuāncài 川菜
zhè ge 这个
yùndòng 运动
kāfēi 咖啡 | ma? 吗? |

단어 咖啡 kāfēi 명 커피

MP3 12-11

04 [A] 又 [B] 又 [C] 。 A는 B하고 C합니다.

| Nàr de cài 那儿的菜
Nà jiàn yīfu 那件衣服
Tā 她
Wǒ xiànzài 我现在 | yòu 又 | hǎochī 好吃
bù hǎokàn 不好看
piàoliang 漂亮
è 饿 | yòu 又 | piányi. 便宜。
guì. 贵。
cōngming. 聪明。
kě. 渴。 |

단어 漂亮 piàoliang 형 예쁘다 | 聪明 cōngming 형 총명하다, 똑똑하다

연습문제

1 녹음을 듣고 따웨이가 주문한 음식을 고르세요.

①
②
③
④

2 아래에 제시된 단어들을 참고해서 옆 사람과 <보기>처럼 대화해 보세요.

보기
A 你想吃什么?
B 我想吃中国菜。
A 你喜欢川菜吗?
B 喜欢。
A 那我们去四川餐厅吧。
B 好。

中国菜 / 川菜 / 四川餐厅

①
中国菜 / 烤鸭 /
北京餐厅

②
中国菜 / 麻婆豆腐 /
四川餐厅

③
韩国菜 / 拌饭 /
首尔餐厅

④
韩国菜 / 烤肉 /
首尔餐厅

단어 拌饭 bànfàn 명 비빔밥 | 首尔 Shǒu'ěr 고유 서울[지명] |
烤肉 kǎoròu 명 불고기

Exercise

3 빈칸에 알맞은 양사를 쓰세요.

① 一 ☐ 可乐 콜라 한 병

② 一 ☐ 米饭 밥 한 공기

③ 一 ☐ 鱼香肉丝 위샹러우쓰 하나

④ 一 ☐ 水 물 한 잔

⑤ 一 ☐ 筷子 젓가락 한 쌍

⑥ 一 ☐ 烤鸭 오리구이 한 마리

4 아래 예문을 참고하여, 메뉴판을 보고 옆 사람과 함께 음식 주문하기를 연습해 보세요.

손님 대화	종업원 대화
→ 服务员！点菜！	→ 要什么饮料？
→ 来一个 ☐ 。	→ 主食呢？
→ 不要了，谢谢。	→ 还要别的吗？

12 당신은 무엇을 먹고 싶습니까?

더 배워 볼까요? 음식/음료

面包 miànbāo
빵

汉堡 hànbǎo
햄버거

比萨 bǐsà
피자

饺子 jiǎozi 교자 만두
(피가 얇은 만두)

包子 bāozi 포자 만두
(피가 찐빵처럼 두꺼운 만두)

咖啡 kāfēi
커피

牛奶 niúnǎi
우유

酸奶 suānnǎi
요구르트

奶茶 nǎichá
밀크티

绿茶 lǜchá
녹차

红茶 hóngchá
홍차

啤酒 píjiǔ
맥주

사진으로 배우는
중국문화

CHINESE CULTURE

중국의 요리에 대해 알아보세요.

음식의 천국 중국! 중국 여행에서 빠질 수 없는 즐거움 중 하나가 바로 맛있는 음식을 먹는 것인데요, 도대체 뭘 먹어야 할까요? 맛있는 음식이야 너무너무 많지만, 부담스럽지 않은 가격에 한국인의 입맛에도 꼭 맞는 음식 몇 가지를 소개합니다!

宫保鸡丁 gōngbǎo jīdīng 꿍바오지딩
닭고기와 땅콩, 오이, 대파 등을 매콤하면서도 달콤하게 볶은 요리

京酱肉丝 jīngjiàng ròusī 징쟝러우쓰
돼지고기를 춘장에 볶아 두부피, 오이, 대파 등을 곁들여 먹는 요리

锅包肉 guōbāoròu 꾸어바오러우
새콤달콤한 중국식 탕수육

鱼香茄子 yúxiāng qiézi 위샹치에즈
달콤 짭짜름한 가지 볶음

香菇油菜 xiānggū yóucài 샹구여우차이
표고버섯과 청경채 볶음

鸡蛋炒饭 jīdàn chǎofàn 지딴챠오판
계란볶음밥

복습 07~12

- 주요 단어
- 단어 체크
- 주요 회화
- 회화 체크
- 주요 어법
- 어법 체크

주요 단어

날짜, 시간 관련 단어

- 年 nián 년
- 星期 xīngqī 주, 요일
- 今天 jīntiān 오늘
- 现在 xiànzài 지금
- 什么时候 shénme shíhou 언제
- 月 yuè 월
- 号 hào 일
- 下午 xiàwǔ 오후
- 早上 zǎoshang 아침
- 生日 shēngrì 생일

위치 관련 단어

- 这儿 zhèr 여기
- 哪儿 nǎr 어디
- 附近 fùjìn 부근
- 东门 dōngmén 동문
- 那儿 nàr 저기, 거기
- 对面 duìmiàn 맞은편
- 旁边 pángbiān 옆
- 马路 mǎlù 도로

장소

- 银行 yínháng 은행
- 学校 xuéxiào 학교
- 餐厅 cāntīng 음식점
- 图书馆 túshūguǎn 도서관
- 邮局 yóujú 우체국
- 书店 shūdiàn 서점
- 公园 gōngyuán 공원
- 超市 chāoshì 슈퍼마켓

음식

- 草莓 cǎoméi 딸기
- 葡萄 pútao 포도
- 菜 cài 요리
- 咖啡 kāfēi 커피
- 主食 zhǔshí 주식
- 苹果 píngguǒ 사과
- 西瓜 xīguā 수박
- 饮料 yǐnliào 음료
- 可乐 kělè 콜라
- 米饭 mǐfàn 쌀밥

색깔

- ☐ 白色 báisè 흰색
- ☐ 红色 hóngsè 붉은색
- ☐ 绿色 lǜsè 녹색
- ☐ 黑色 hēisè 검은색
- ☐ 黄色 huángsè 노란색
- ☐ 蓝色 lánsè 파란색, 남색

양사

- ☐ 点 diǎn 시
- ☐ 件 jiàn 벌[옷의 양사]
- ☐ 块 kuài 위안[화폐 단위]
- ☐ 碗 wǎn 그릇
- ☐ 刻 kè 15분
- ☐ 斤 jīn 근
- ☐ 瓶 píng 병

의문대사

- ☐ 多少 duōshao 얼마
- ☐ 怎么 zěnme 어떻게
- ☐ 哪 nǎ 어느
- ☐ 怎么样 zěnmeyàng 어떻다

부사

- ☐ 一共 yígòng 모두
- ☐ 太 tài 너무
- ☐ 快 kuài 빨리
- ☐ 还 hái 그런대로, 또한
- ☐ 一起 yìqǐ 같이
- ☐ 又 yòu 또, 또한
- ☐ 就 jiù 바로, 곧

조동사

- ☐ 可以 kěyǐ ~해도 된다, ~할 수 있다
- ☐ 要 yào ~할 것이다, ~하려고 한다
- ☐ 想 xiǎng ~하고 싶다

주요 단어

동사

- 点菜 diǎncài (음식을) 주문하다
- 喝 hē 마시다
- 要 yào 원하다
- 卖 mài 팔다
- 睡觉 shuìjiào 잠을 자다
- 运动 yùndòng 운동하다
- 学习 xuéxí 공부하다
- 知道 zhīdào 알다
- 来 lái 오다, 주세요
- 去 qù 가다
- 吃 chī 먹다
- 看 kàn 보다
- 买 mǎi 사다
- 起床 qǐchuáng 일어나다
- 散步 sànbù 산책하다
- 上课 shàngkè 수업하다
- 休息 xiūxi 쉬다
- 喜欢 xǐhuan 좋아하다
- 走 zǒu 가다, 걷다
- 试 shì (시험 삼아) 해 보다

형용사

- 对 duì 맞다
- 贵 guì 비싸다
- 大 dà 크다
- 多 duō 많다
- 好吃 hǎochī 맛있다
- 漂亮 piàoliang 예쁘다
- 行 xíng 괜찮다, 좋다
- 便宜 piányi 싸다
- 小 xiǎo 작다
- 少 shǎo 적다
- 好看 hǎokàn 보기 좋다
- 聪明 cōngming 총명하다, 똑똑하다

아래 밑줄에 한국어 단어에 해당하는 중국어 단어를 쓰세요.

장소

❶ 은행 _____ ❺ (학교의) 식당 _____

❷ 학교 _____ ❻ 도서관 _____

❸ 서점 _____ ❼ 슈퍼마켓 _____

❹ 공원 _____ ❽ 우체국 _____

색깔

❶ 흰색 _____ ❹ 노란색 _____

❷ 검은색 _____ ❺ 녹색 _____

❸ 붉은색 _____ ❻ 파란색 _____

동사

❶ 먹다 _____ ❺ 잠을 자다 _____

❷ 마시다 _____ ❻ 운동하다 _____

❸ 보다 _____ ❼ 공부하다 _____

❹ 일어나다 _____ ❽ 쓰다 _____

형용사

❶ 크다 _____ ❺ 멀다 _____

❷ 작다 _____ ❻ 가깝다 _____

❸ 많다 _____ ❼ 비싸다 _____

❹ 적다 _____ ❽ 싸다 _____

주요 회화

날짜/요일 묻기

A 今天几月几号?
Jīntiān jǐ yuè jǐ hào?

B 五月二号。
Wǔ yuè èr hào.

A 今天星期几?
Jīntiān xīngqī jǐ?

B 星期六。
Xīngqīliù.

시간 묻기

A 现在几点?
Xiànzài jǐ diǎn?

B 七点一刻。
Qī diǎn yí kè.

A 几点上课?
Jǐ diǎn shàngkè?

B 八点。
Bā diǎn.

길 묻기1

A 请问，图书馆在哪儿?
Qǐngwèn, túshūguǎn zài nǎr?

B 图书馆在东门旁边。
Túshūguǎn zài dōngmén pángbiān.

A 这附近有超市吗?
Zhè fùjìn yǒu chāoshì ma?

B 有，就在那儿。
Yǒu, jiù zài nàr.

길 묻기2

A 请问，去公园怎么走?
Qǐngwèn, qù gōngyuán zěnme zǒu?

B 一直往前走。
Yìzhí wǎng qián zǒu.

물건 사기

A 这个多少钱?
  Zhè ge duōshao qián?

B 二十二块钱。
  Èrshí'èr kuài qián.

A 还有别的颜色吗?
  Hái yǒu biéde yánsè ma?

B 有黑色的。
  Yǒu hēisè de.

의견 묻기

A 这件衣服怎么样?
  Zhè jiàn yīfu zěnmeyàng?

B 很好看。
  Hěn hǎokàn.

A 你想吃什么?
  Nǐ xiǎng chī shénme?

B 我想吃中国菜。
  Wǒ xiǎng chī Zhōngguó cài.

주문 하기

A 要什么饮料?
  Yào shénme yǐnliào?

B 来一瓶可乐吧。
  Lái yì píng kělè ba.

A 还要别的吗?
  Hái yào biéde ma?

B 不要了, 谢谢。
  Bú yào le, xièxie.

회화 체크

아래의 한국어 문장을 중국어로 바꿔서 말해 보세요.

날짜/요일 묻기

❶ 오늘 몇 월 며칠이야?
❷ 7월 3일이야.
❸ 오늘 무슨 요일이지?
❹ 토요일이야.

시간 묻기

❶ 지금 몇 시야?
❷ 9시 30분이야.
❸ 몇 시에 수업이야?
❹ 10시 수업이야.

길 묻기

❶ 말씀 좀 묻겠습니다. 도서관이 어디에 있어요?
❷ 도서관은 동문 옆에 있어요.
❸ 이 근처에 슈퍼마켓이 있나요?
❹ 있어요. 바로 저기요.

주문하기

❶ 어떤 음료를 원하세요?
❷ 콜라 한 병 주세요.
❸ 더 필요한 거 있으세요?
❹ 아니요, 고맙습니다.

주요 어법

01 吧의 네 가지 용법

(1) 추측 明天是星期六吧? 내일은 토요일이지요?

(2) 명령 你快起床吧。 빨리 일어나세요.

(3) 부탁 太贵了，便宜点儿吧。 너무 비싸요. 깎아 주세요.

(4) 제안 那就二十吧。 그럼 20위안으로 합시다.

02 명사술어문: 요일, 날짜를 물어볼 때는 동사 是없이 명사구가 술어가 될 수 있습니다. 그러나 주어가 특정한 날짜이거나, 부정문이면 是를 생략할 수 없습니다.

今天星期二。 오늘은 화요일입니다.

今天不是星期二。 오늘은 화요일이 아닙니다.

你的生日是六月八号吧? 당신의 생일은 6월 8일이지요?

03 연동문: 두 개 이상의 동사를 연이어 써서, 동사의 순서에 따라 동작이 발생함을 나타내는 문장을 '연동문'이라고 합니다.

我去上课。 나는 수업을 들으러 갑니다.

我去吃饭。 나는 밥을 먹으러 갑니다.

04 조동사

(1) 想 ~하고 싶다

  我想买衣服。(긍정)   我不想买衣服。(부정)

(2) 要 ~할 것이다, ~하려고 한다

  我要买衣服。(긍정)   我不想买衣服。(부정)

(3) 可以 ~해도 된다

  这个可以吃。(긍정)   这个不可以吃。(부정)

05 관형격 조사 的: 的는 명사, 형용사, 동사 등의 뒤에 붙어서 '~ㄴ/은'이라는 관형사형을 만들 수 있습니다. 的 뒤의 명사는 생략할 수 있습니다.

别的衣服 다른 옷   别的 다른 것

大的衣服 큰 옷   大的 큰 것

我买的衣服 내가 산 옷   我买的 내가 산 것

1 <보기>에서 알맞은 단어를 골라 문장을 완성해 보세요. 단어가 두 번 쓰일 수도 있습니다.

보기

| 去 | 了 | 的 | 可以 | 吧 |

❶ 太贵_____, 便宜点儿_____。

❷ 有大_____衣服吗?

❸ 这个_____吃吗?

❹ 我想_____买衣服。

❺ 你快起床_____。

2 다음 한국어 문장을 중국어로 바꿔 보세요.

❶ 오늘은 금요일입니다.

┈▸ _____

❷ 내 생일은 5월 5일입니다.

┈▸ _____

❸ 내일은 일요일이지요?

┈▸ _____

❹ 나는 밥을 먹으러 가고 싶어요.

┈▸ _____

❺ 이것은 내가 산 옷입니다.

┈▸ _____

부록

- 본문 해석 및 정답
- 색인

본문 해석 및 정답

UNIT 1 你好！
안녕하세요!

본문 해석

 회화 1

따웨이 안녕!
신화   안녕!

회화 2

따웨이 잘 가!
신화   잘 가!

회화 3

신화   잘 지내?
징징   좋아. 너는?
신화   나도 잘 지내.

연습 문제

1
① á
② ǎ
③ é
④ ā
⑤ ō
⑥ ì
⑦ à
⑧ á

〈녹음내용〉

① máng	⑤ dōu
② xiǎo	⑥ shì
③ shéi	⑦ kàn
④ sān	⑧ hán

2
① à
② e
③ è
④ ē
⑤ ǒ
⑥ ěi
⑦ uó
⑧ āo

〈녹음내용〉

① dàxué	⑤ wǒmen
② shénme	⑥ Běijīng
③ zhè ge	⑦ Yīngguó
④ gēge	⑧ gāoxìng

3
① hǎo
② lǎoshī
③ jiàn
④ wǒ / hěn

〈녹음내용〉

① Nǐ hǎo ma?
② Lǎoshī hǎo!
③ Zài jiàn!
④ Wǒ yě hěn hǎo.

4 ④

〈녹음내용〉

A 再见！
B 明天见！

UNIT 2 我是韩国人。
나는 한국인입니다.

본문 해석

회화 1

민정   당신은 중국인입니까?
따웨이 네, 저는 중국인입니다.

회화 2

민정   저분도 중국인이에요?
따웨이 그는 중국인이 아닙니다.
        그는 미국인이에요.

회화 3

따웨이 당신은 어느 나라 사람입니까?
민정   저는 한국인이에요.

회화 4

민정   당신들은 대학생입니까?
따웨이 네, 우리는 모두 대학생입니다.

연습 문제

1
1. yīshēng
2. xiàwǔ
3. gōngzuò
4. xuéxiào
5. sìshí
6. chīfàn
7. shēngrì
8. zhīdào

〈녹음내용〉

1. yīshēng	5. sìshí
2. xiàwǔ	6. chīfàn
3. gōngzuò	7. shēngrì
4. xuéxiào	8. zhīdào

2
1. Zhōngguórén
2. tā bú shì / Měiguórén
3. nǎ guó rén
4. wǒmen dōu

〈녹음내용〉

1. Nǐ shì Zhōngguórén ma?
2. Tā bú shì Zhōngguórén, tā shì Měiguórén.
3. Nǐ shì nǎ guó rén?
4. Wǒmen dōu shì dàxuéshēng.

3
1. 두 번째
2. 세 번째
3. 첫 번째
4. 네 번째

〈녹음내용〉

1. 你是中国人吗?
2. 你是哪国人?
3. 你们都是学生吗?
4. 他也是韩国人吗?

3 UNIT 你叫什么名字?
당신의 이름은 무엇입니까?

본문 해석

회화 1
왕 선생님: 이름이 뭐예요?
우시: 저는 우시라고 해요.

회화 2
우시: 선생님, 성함이 어떻게 되세요?
왕 선생님: 내 성은 왕씨이고, 왕린이라고 해요.

회화 3
왕 선생님: 그녀는 누구예요?
우시: 그녀는 김수진이라고 해요.
　　　그녀는 제 친구예요.

회화 4
왕 선생님: 만나서 반가워요.
우시: 만나 뵙게 되어서 저도 기쁩니다.

연습 문제

1
1. shénme
2. guì xìng
3. xìng / jiào
4. hěn gāoxìng

〈녹음내용〉

1. Nǐ jiào shénme míngzi?
2. Lǎoshī, nín guì xìng?
3. Wǒ xìng Wáng, jiào Wáng Lín.
4. Rènshi nǐ, wǒ yě hěn gāoxìng.

2
1. X
2. O
3. O
4. X

〈녹음내용〉

你好！我叫李晶晶。我是中国人。我是大学生。我朋友玛丽是美国人。她是老师。认识你，很高兴！

본문 해석 및 정답

3
1. 贵姓
2. 什么名字
3. 她是谁
4. 姓什么

2
1. 这是什么
2. 这是什么书
3. 这是谁的书
4. 那是不是

3
1. 大伟(Dàwěi)
2. 吴希(Wú Xī)
3. 敏静(Mǐnjìng)

〈녹음내용〉

敏静	大伟，汉语书是你的吗？
大伟	是，那是我的书。
敏静	历史书也是你的吗？
大伟	不是，那是吴希的。
敏静	英语书是谁的？
大伟	英语书？那是你的。
敏静	哦！是，这是我的。

UNIT 4 这是什么?
이것은 무엇입니까?

본문 해석

회화 1
민정   이건 뭐야?
따웨이 이건 책이야.
민정   이건 무슨 책이야?
따웨이 이건 역사책이야.

회화 2
민정   이건 누구 책이야?
따웨이 내 책이야.

회화 3
민정   이 책 재미있어?
따웨이 아주 재미있어.

회화 4
민정   저것은 네 거야 아니야?
따웨이 아니, 저건 우리 누나 거야.

연습 문제

1
1. shéi / wǒ jiějie
2. shénme / chá
3. shénme chá / shì hóngchá
4. shéi de chá / shì wǒ de chá

〈녹음내용〉

1	A	Zhè shì shéi?
	B	Zhè shì wǒ jiějie.
2	A	Zhè shì shénme?
	B	Zhè shì chá.
3	A	Zhè shì shénme chá?
	B	Zhè shì hóngchá.
4	A	Zhè shì shéi de chá?
	B	Zhè shì wǒ de chá.

UNIT 5 你家有几口人?
가족이 몇 명이에요?

본문 해석

회화 1
민정 너희 가족은 몇 명이야?
수진 네 명이야. 너희 가족은?
민정 우리 가족은 다섯 명이야.

회화 2
민정 너희 식구는 누구누구야?
수진 우리 식구는 아빠, 엄마, 언니 그리고 나야.

회화 3
수진 너는 여동생이 있어?
민정 나는 여동생은 없고, 오빠가 한 명 있어.

회화 4
수진 너희 오빠는 여자친구가 있어 없어?
민정 아직은 여자친구가 없어.

연습 문제

1
1. 二十四
2. 一百零四

③ 两千三百
④ 一千零一十

〈녹음내용〉
❶ 24	❸ 2300
❷ 104	❹ 1010

2 ❸

〈녹음내용〉

大家好！我叫韩东秀。我家有五口人，爸爸、妈妈、哥哥、妹妹和我。我哥哥是大学生，我妹妹是小学生。我没有姐姐和弟弟。

3
❶ 三本
❷ 一个
❸ 两个
❹ 四口

UNIT 6 你做什么工作?
당신은 무슨 일을 합니까?

본문 해석

회화 1
리나　　당신은 무슨 일을 하세요?
리우지엔　저는 의사예요.

회화 2
리나　　당신은 어디에서 일을 하세요?
리우지엔　저는 베이징병원에서 일을 해요.

회화 3
리나　　일이 바쁘세요?
리우지엔　바빠요, 당신은요?
리나　　그럭저럭 괜찮아요. 별로 바쁘지 않아요.

회화 4
리나　　당신의 부인도 일을 하지요?
리우지엔　그녀는 일을 하지 않아요. 그녀는 가정주부예요.

연습 문제

1
A　做什么
B　我是

A　在哪儿
B　我在 / 工作

2
❶ 동사
❷ 명사
❸ 명사
❹ 동사

3
❶ O
❷ X
❸ X
❹ O

〈녹음내용〉

小李	小王，你好！
小王	小李，你好！
小李	你工作忙吗?
小王	很忙。你呢? 你也很忙吧?
小李	我还可以，不太忙。
小王	你哥哥在北京医院工作吧?
小李	是。
小王	他忙不忙啊?
小李	他很忙。

복습 01~06

단어 체크

▶ 가족
❶ 爸爸
❷ 妈妈
❸ 爷爷
❹ 奶奶
❺ 哥哥
❻ 姐姐
❼ 弟弟
❽ 妹妹

▶ 국적 / 언어
❶ 韩国人, 韩语
❷ 中国人, 汉语
❸ 美国人, 英语

본문 해석 및 정답

▶ 신분 / 직업
① 老师
② 大学生
③ 医生
④ 护士
⑤ 厨师
⑥ 家庭主妇

▶ 숫자
① 零
② 六
③ 九
④ 一百
⑤ 一千
⑥ 一万
⑦ 一亿

회화 체크

▶ 이름 묻기
① 你叫什么名字?
② 我叫吴希，您贵姓?
③ 我姓王，叫王琳。

▶ 안부 묻기
① 你好吗?
② 我很好。你呢?
③ 我也很好。

▶ 국적 묻기
① 你是哪国人?
② 我是韩国人。你是中国人吗?
③ 我不是中国人，我是美国人。

▶ 가족 묻기
① 你家有几口人?
② 五口人。
③ 你有妹妹吗?
④ 我没有妹妹，我有哥哥。

어법 체크

1
① 不
② 不是

③ 吗
④ 没有 / 个
⑤ 几
⑥ 呢
⑦ 什么
⑧ 谁的

2
① 你是不是韩国人?
② 我没有妹妹，我有两个姐姐。
③ 那是什么?
④ 这是我的。
⑤ 我在北京大学工作。

 UNIT 7 今天几月几号?
오늘은 몇 월 며칠입니까?

본문 해석

회화 1
따웨이 오늘 몇 월 며칠이야?
우시   5월 2일이야.
따웨이 징징의 생일이 언제지?
우시   5월 7일.
따웨이 7일이 무슨 요일이야?
우시   토요일이야.

회화 2
따웨이 신화야, 내일이 징징의 생일이야.
신화   그래? 그녀는 올해 몇 살이야?
따웨이 23살.
신화   내일은 토요일이지?
따웨이 맞아.
신화   내일 우리 같이 밥 먹는 거 어때?
따웨이 좋지.

연습 문제

1
① O
② O
③ X
④ X

〈녹음내용〉

今天五月二号，星期一。明天是我的生日。明天我和晶晶一起吃饭。

2 ❹

〈녹음내용〉

新华　今天几月几号？
大伟　今天四月二十九号。
新华　劳动节是什么时候？
大伟　后天就是劳动节。
新华　后天是星期六吧？
大伟　不对，后天是星期天。

 现在几点?
UNIT 8
지금 몇 시입니까?

본문 해석

회화 1

따웨이　지금 몇 시야?
신화　7시 반. 너 오늘 수업 있어 없어?
따웨이　있어.
신화　몇 시 수업인데?
따웨이　8시.
신화　그럼 빨리 일어나.
따웨이　알았어, 알았어.

회화 2

정호　따웨이, 좋은 아침이야!
따웨이　좋은 아침! 너 어디 가?
정호　나는 은행에 가. 너는 도서관에 가?
따웨이　나는 도서관에 안 가고, 수업하러 가.
정호　너 오후에 수업 있어?
따웨이　오후에는 수업 없어.
정호　우리 오후에 보자!

연습 문제

1
❶ 세 번째
❷ 첫 번째
❸ 네 번째
❹ 두 번째

〈녹음내용〉
❶ 十二点二十五分
❷ 差一刻两点
❸ 两点零二分
❹ 一点半

3
❶ O
❷ X
❸ X

〈녹음내용〉
新华　大伟，现在几点？
大伟　现在八点二十五分。
新华　你今天有课吗？
大伟　有。
新华　几点上课？
大伟　十点。

 图书馆在哪儿?
UNIT 9
도서관이 어디에 있습니까?

본문 해석

회화 1

정호　말씀 좀 묻겠습니다. 도서관이 어디에 있나요?
행인　동문 옆에 있어요.
정호　이 근처에 슈퍼마켓이 있나요?
행인　있어요. 바로 저기 있어요.
정호　고맙습니다.
행인　별 말씀을요.

회화 2

정호　말씀 좀 묻겠습니다. 공원에 어떻게 가나요?
행인 1　죄송해요. 저는 몰라요.
행인 2　제가 알아요. 앞으로 쭉 가세요.
정호　멀어요?
행인 2　안 멀어요. 걸어서 5분이면 도착해요.
정호　고맙습니다.
행인 2　뭘요.

본문 해석 및 정답

연습 문제

1 ❷

〈녹음내용〉

> 正浩 请问，邮局在哪儿？
> 行人 邮局在银行旁边。
> 正浩 在银行左边吗？
> 行人 不，在银行右边。
> 正浩 谢谢。
> 行人 不客气。

2

行人 去 / 怎么走
正浩 不知道
大伟 往前走
行人 远吗
大伟 不远 / 就到了

〈녹음내용〉

> 行人 请问，去北京站怎么走？
> 正浩 对不起，我不知道。
> 　　　大伟，你知道吗？
> 大伟 知道。一直往前走。
> 行人 北京站远吗？
> 大伟 不远。走十分钟就到了。

3
❶ 有
❷ 在
❸ 在
❹ 有

10 UNIT 多少钱?
얼마예요?

본문 해석

회화 1

판매원 무엇을 원하세요?
민정　 저거 주세요.
판매원 이거요?
민정　 맞아요. 얼마예요?
판매원 22위안입니다.
민정　 너무 비싸요. 좀 깎아주세요.
판매원 그럼 20위안으로 해드릴게요.

회화 2

수진　 안녕하세요! 사과 한 근에 얼마예요?
판매원 한 근에 8위안이에요.
수진　 수박은 어떻게 팔아요?
판매원 수박은 한 근에 1위안이에요.
수진　 사과 두 근, 수박 반 통 살게요.
　　　 모두 얼마예요?
판매원 모두 26.4위안이에요.

연습 문제

1
❶ 40
❷ 21.3
❸ 25000
❹ 35.04

〈녹음내용〉

> ❶ 四十块
> ❷ 二十一块三
> ❸ 两万五
> ❹ 三十五块零四分

2 ❹

〈녹음내용〉

> 大伟　你好！苹果多少钱一斤？
> 售货员 八块五。
> 大伟　西瓜怎么卖？
> 售货员 西瓜两块钱一斤。
> 大伟　苹果太贵了，我不要苹果。
> 　　　我买一个西瓜。
> 售货员 这个好吗？
> 大伟　好。多少钱？
> 售货员 二十五块钱。

3
A 哪个
B 我要 / 多少钱
B 太贵了
A 那就

11 UNIT 明天做什么?
내일 뭐 해요?

본문 해석

회화 1

우시 너 내일 뭐 해?
징징 나는 옷을 사러 가려고.
우시 그래? 나도 가고 싶다.
징징 그럼 너 나랑 같이 가자.
우시 좋아.
징징 우리 10시에 우다오코우에서 보는 게 어때?
우시 좋아. 내일 봐!

회화 2

우시 이 옷 어때?
징징 괜찮네.
우시 저거는?
징징 저거 아주 예쁘다.
우시 저거 다른 색도 있어요?
판매원 빨간색, 검은색 있어요.
우시 입어봐도 되나요?
판매원 그러세요.

연습 문제

1 ❷

〈녹음내용〉

敏静 这件衣服怎么样?
秀珍 很好看。这件还有别的颜色吗?
敏静 有白色和黑色的。
秀珍 那我买这红色的和白色的。

2 ❸

〈녹음내용〉

吴希 晶晶，你明天做什么?
晶晶 明天我想在家休息休息。
吴希 我们一起去公园，怎么样?
晶晶 公园? 好啊。
吴希 那我们明天见!
晶晶 明天见!

3

① 斤
② 口
③ 件
④ 个
⑤ 本
⑥ 杯

12 UNIT 你想吃什么?
당신은 무엇을 먹고 싶습니까?

본문 해석

회화 1

정호 곧 12시다. 우리 밥 먹으러 가자.
따웨이 좋아. 뭐 먹고 싶어?
정호 나는 중국요리 먹고 싶어.
따웨이 쓰촨요리 좋아해?
정호 좋아해.
따웨이 그럼 우리 쓰촨식당에 가자.
정호 좋아. 거기 음식이 맛있고 싸지.

회화 2

따웨이 여기요! 주문할게요! 위샹러우쓰랑
         마포떠우푸 하나 주세요.
종업원 음료 필요하세요?
따웨이 콜라 한 병 주세요.
종업원 주식은요?
따웨이 밥 두 그릇 주세요.
종업원 또 필요한 거 있으세요?
따웨이 없어요. 고맙습니다.

연습 문제

1 ❸

〈녹음내용〉

服务员 您要什么?
大伟 来一个麻婆豆腐和一碗米饭。
服务员 对不起，现在没有麻婆豆腐。
大伟 鱼香肉丝呢?
服务员 有。
大伟 那就鱼香肉丝和米饭吧。

3

① 瓶
② 碗
③ 个
④ 杯
⑤ 双

본문 해석 및 정답

⑥ 只

 복습 07~12

단어 체크

▶ 장소
① 银行
② 学校
③ 书店
④ 公园
⑤ 食堂
⑥ 图书馆
⑦ 超市
⑧ 邮局

▶ 색깔
① 白色
② 黑色
③ 红色
④ 黄色
⑤ 绿色
⑥ 蓝色

▶ 동사
① 吃
② 喝
③ 看
④ 起床
⑤ 睡觉
⑥ 运动
⑦ 学习
⑧ 写

▶ 형용사
① 大
② 小
③ 多
④ 少
⑤ 远
⑥ 近
⑦ 贵

⑧ 便宜

회화 체크

▶ 날짜 / 요일 묻기
① 今天几月几号?
② 七月三号。
③ 今天星期几?
④ 星期六。

▶ 시간 묻기
① 现在几点?
② 九点半。
③ 几点上课?
④ 十点上课。

▶ 길 묻기
① 请问，图书馆在哪儿?
② 图书馆在东门旁边。
③ 这附近有超市吗?
④ 有，就在那儿。

▶ 주문 하기
① 要什么饮料?
② 来一瓶可乐。
③ 还要别的吗?
④ 不要了，谢谢。

어법 체크

1
① 了 / 吧
② 的
③ 可以
④ 去
⑤ 吧

2
① 今天是星期五。
② 我的生日是五月五号。
③ 明天是星期天吧?
④ 我想去吃饭。
⑤ 这是我买的衣服。

색인

A

啊 a	130(7과)

B

八 bā	144(8과)
爸爸 bàba	71(3과), 92(5과), 102(5과)
吧 ba	106(6과), 144(8과)
包 bāo	85(4과)
包子 bāozi	210(12과)
白色 báisè	193(11과), 196(11과)
半 bàn	144(8과)
拌饭 bànfàn	208(12과)
杯 bēi	97(5과)
杯子 bēizi	88(4과)
北京 Běijīng	106(6과)
北京大学 Běijīng dàxué	153(8과)
北京站 Běijīng zhàn	165(9과)
本 běn	78(4과)
比萨 bǐsà	210(12과)
别的 biéde	186(11과)
菠萝 bōluó	182(10과)
博物馆 bówùguǎn	154(8과)
不太 bú tài	106(6과)
不用 búyòng	158(9과)
不用谢 búyòng xiè	158(9과)
不 bù	50(2과)

C

菜 cài	84(4과), 200(12과)
参加 cānjiā	113(6과)
餐厅 cāntīng	154(8과), 200(12과)
草莓 cǎoméi	178(10과)
茶 chá	84(4과)
差 chà	150(8과)
长 cháng	168(9과)
超市 chāoshì	154(8과), 158(9과)
车 chē	85(4과)
陈 Chén	74(3과)
橙子 chéngzi	182(10과)
吃 chī	140(7과)
吃饭 chīfàn	130(7과)
厨师 chúshī	115(6과)
川菜 chuāncài	200(12과)
床 chuáng	88(4과)
春节 Chūn Jié	136(7과)
春天 chūntiān	204(12과)
聪明 cōngming	207(12과)
崔 Cuī	74(3과)

D

大 dà	168(9과), 191(11과)
大家 dàjiā	43(1과)
大使馆 dàshiguǎn	154(8과)
大学生 dàxuéshēng	50(2과)
蛋糕 dàngāo	87(4과)
到 dào	158(9과)
的 de	78(4과)
德国 Déguó	60(2과)
德国人 Déguórén	56(2과)
弟弟 dìdi	71(3과), 102(5과)
点 diǎn	144(8과)
点菜 diǎncài	200(12과)
电脑 diànnǎo	88(4과)
电视 diànshì	88(4과)
电影 diànyǐng	192(11과)

东门 dōngmén	158(9과)
动物园 dòngwùyuán	154(8과)
都 dōu	50(2과)
短 duǎn	168(9과)
对 duì	130(7과)
多 duō	168(9과)
多大 duō dà	130(7과)
多少 duōshao	172(10과)

E

饿 è	163(9과)
二 èr	130(7과)

F

法国 Fǎguó	60(2과)
饭店 fàndiàn	112(6과)
分 fēn	150(8과)
分钟 fēnzhōng	158(9과)
粉色 fěnsè	196(11과)
服务员 fúwùyuán	200(12과)
附近 fùjìn	158(9과)

G

钢笔 gāngbǐ	87(4과)
高兴 gāoxìng	64(3과)
哥哥 gēge	73(3과), 92(5과), 102(5과)
歌手 gēshǒu	116(6과)
个 gè	78(4과)
跟 gēn	186(11과)
公园 gōngyuán	151(8과), 158(9과)
工作 gōngzuò	106(6과)
贵 guì	64(3과), 172(10과)
国 guó	50(2과)

H

哈密瓜 hāmìguā	182(10과)
还 hái	92(5과), 106(6과), 186(11과)
韩国 Hánguó	60(2과)
韩国人 Hánguórén	50(2과)
韩语 Hányǔ	86(4과)
汉语 Hànyǔ	87(4과)
汉堡 hànbǎo	210(12과)
好 hǎo	38(1과)
好吃 hǎochī	87(4과), 200(12과)
好喝 hǎohē	87(4과)
好看 hǎokàn	78(4과)
好用 hǎoyòng	87(4과)
号 hào	130(7과)
喝 hē	140(7과), 193(11과)
和 hé	92(5과)
黑色 hēisè	186(11과), 196(11과)
很 hěn	38(1과)
红茶 hóngchá	87(4과), 210(12과)
红色 hóngsè	186(11과), 196(11과)
护士 hùshi	115(6과)
花 huā	84(4과)
画家 huàjiā	116(6과)
黄 Huáng	74(3과)
黄色 huángsè	195(11과), 196(11과)
灰色 huīsè	196(11과)
回家 huíjiā	206(12과)
火车站 huǒchēzhàn	154(8과)

J

机场 jīchǎng	112(6과), 154(8과)
几 jǐ	92(5과)

색인 **235**

색인

记者 jìzhě	116(6과)	可乐 kělè	200(12과)
家 jiā	83(4과), 92(5과)	可以 kěyǐ	106(6과), 186(11과)
加拿大 Jiānádà	60(2과)	课 kè	144(8과)
家庭主妇 jiātíng zhǔfù	106(6과)	口 kǒu	92(5과)
见 jiàn	38(1과)	快 kuài	144(8과), 168(9과)
件 jiàn	186(11과)	快⋯了 kuài⋯le	200(12과)
见面 jiànmiàn	186(11과)	筷子 kuàizi	205(12과)

L

饺子 jiǎozi	210(12과)
叫 jiào	64(3과)
教授 jiàoshòu	116(6과)
姐姐 jiějie	71(3과), 78(4과), 102(5과)
金 Jīn	74(3과)
斤 jīn	172(10과)
今年 jīnnián	130(7과)
今天 jīntiān	130(7과)
近 jìn	168(9과)
警察 jǐngchá	116(6과)
就 jiù	158(9과)
就⋯了 jiù⋯le	158(9과)
橘子 júzi	182(10과)
军人 jūnrén	116(6과)

来 lái	113(6과), 140(7과), 200(12과)
蓝色 lánsè	195(11과), 196(11과)
劳动节 Láodòng Jié	136(7과)
姥姥 lǎolao	102(5과)
老师 lǎoshī	43(1과), 64(3과)
姥爷 lǎoye	102(5과)
了 le	158(9과), 172(10과)
累 lèi	113(6과), 168(9과)
梨 lí	182(10과)
李 Lǐ	74(3과)
李娜 Lǐ Nù	70(3과)
历史 lìshǐ	78(4과)
荔枝 lìzhī	182(10과)
两 liǎng	172(10과)
刘 Liú	74(3과)
刘建 Liú Jiàn	70(3과)
留学生 liúxuéshēng	56(2과)
六 liù	130(7과)
绿茶 lǜchá	210(12과)
绿色 lǜsè	196(11과)
律师 lǜshī	116(6과)

K

咖啡 kāfēi	207(12과), 210(12과)
咖啡色 kāfēisè	196(11과)
开心 kāixīn	113(6과)
看 kàn	140(7과)
烤肉 kǎoròu	208(12과)
考试 kǎoshì	136(7과)
烤鸭 kǎoyā	205(12과)
科学家 kēxuéjiā	116(6과)
渴 kě	163(9과)

M

妈妈 māma	83(4과), 92(5과), 102(5과)

236

玛丽 Mǎ Lì	72(3과)
吗 ma	38(1과)
麻婆豆腐 mápó dòufu	200(12과)
买 mǎi	140(7과), 172(10과)
卖 mài	140(7과), 172(10과)
慢 màn	168(9과)
忙 máng	106(6과), 168(9과)
芒果 mángguǒ	182(10과)
没 méi	92(5과)
美国 Měiguó	60(2과)
美国人 Měiguórén	50(2과)
美术馆 měishùguǎn	154(8과)
妹妹 mèimei	92(5과), 102(5과)
米饭 mǐfàn	200(12과)
米色 mǐsè	196(11과)
面包 miànbāo	210(12과)
明天 míngtiān	130(7과)
名字 míngzi	64(3과)
模特儿 mótèr	116(6과)
木瓜 mùguā	182(10과)

N

哪 nǎ	50(2과)
哪个 nǎ ge	172(10과)
哪国人 nǎ guó rén	50(2과)
那 nà	78(4과), 144(8과)
那个 nà ge(nèi ge)	78(4과)
奶茶 nǎichá	210(12과)
奶奶 nǎinai	101(5과), 102(5과)
男朋友 nánpéngyou	98(5과)
哪儿 nǎr	106(6과)
那儿 nàr	158(9과)

呢 ne	38(1과)
你 nǐ	38(1과), 46(1과)
你们 nǐmen	46(1과), 50(2과)
您 nín	43(1과), 46(1과), 64(3과)
柠檬 níngméng	182(10과)
牛奶 niúnǎi	210(12과)
农民 nóngmín	116(6과)
女朋友 nǚpéngyou	92(5과)

P

旁边 pángbiān	158(9과)
朋友 péngyou	64(3과)
啤酒 píjiǔ	210(12과)
便宜 piányi	172(10과)
朴 Piáo	74(3과)
漂亮 piàoliang	207(12과)
瓶 píng	200(12과)
苹果 píngguǒ	172(10과)
葡萄 pútao	181(10과)

Q

七 qī	130(7과)
妻子 qīzi	102(5과), 106(6과)
起床 qǐchuáng	144(8과)
铅笔 qiānbǐ	88(4과), 99(5과)
钱 qián	172(10과)
前 qián	158(9과)
钱包 qiánbāo	88(4과)
请问 qǐngwèn	158(9과)
去 qù	113(6과), 140(7과), 144(8과)

R

人 rén	50(2과)
认识 rènshi	64(3과)

색인

日本 Rìběn	60(2과)	她 tā	46(1과), 56(2과), 64(3과)
日本人 Rìběn rén	56(2과)	它 tā	46(1과)

S

		他们 tāmen	46(1과)
散步 sànbù	137(7과)	它们 tāmen	46(1과)
沙发 shāfā	88(4과)	她们 tāmen	46(1과)
上班 shàngbān	150(8과)	台灯 táidēng	88(4과)
上课 shàngkè	144(8과)	太 tài	106(6과), 172(10과)
少 shǎo	168(9과), 178(10과)	泰国 Tàiguó	60(2과)
谁 shéi	64(3과)	桃子 táozi	181(10과)
什么 shénme	64(3과)	听 tīng	140(7과)
什么时候 shénme shíhou	130(7과)	图书馆 túshūguǎn	144(8과)
生日 shēngrì	130(7과)		

W

食堂 shítáng	153(8과), 154(8과)	玩儿 wánr	204(12과)
试 shì	186(11과)	碗 wǎn	200(12과)
是 shì	50(2과)	晚上 wǎnshang	43(1과)
市场 shìchǎng	154(8과)	王 Wáng	74(3과)
首尔 Shǒu'ěr	208(12과)	往 wǎng	158(9과)
手机 shǒujī	88(4과), 99(5과)	我 wǒ	38(1과), 46(1과), 102(5과)
售货员 shòuhuòyuán	172(10과)	我们 wǒmen	46(1과), 50(2과)
书 shū	78(4과)	吴 Wú	74(3과)
书店 shūdiàn	151(8과)	五 wǔ	92(5과)
水 shuǐ	97(5과), 195(11과)	五道口 Wǔdàokǒu	186(11과)
水果 shuǐguǒ	182(10과)		

X

睡觉 shuìjiào	151(8과)	西瓜 xīguā	172(10과)
说 shuō	140(7과)	喜欢 xǐhuan	200(12과)
四 sì	92(5과)	洗手间 xǐshǒujiān	154(8과), 164(9과)
四川 Sìchuān	200(12과)	下班 xiàbān	150(8과)
酸奶 suānnǎi	210(12과)	下次 xiàcì	43(1과)
岁 suì	130(7과)	下课 xiàkè	152(8과)

T

		下午 xiàwǔ	144(8과)
他 tā	46(1과)	先生 xiānsheng	112(6과)

现在 xiànzài	144(8과)	一共 yígòng	172(10과)
香蕉 xiāngjiāo	182(10과)	一会儿 yíhuìr	43(1과)
想 xiǎng	186(11과)	一刻 yí kè	150(8과)
小 xiǎo	168(9과), 193(11과)	椅子 yǐzi	88(4과)
小李 Xiǎo Lǐ	114(6과)	意大利 Yìdàlì	60(2과)
小王 Xiǎo Wáng	114(6과)	(一)点儿 (yì)diǎnr	172(10과)
小学 xiǎoxué	115(6과)	一起 yìqǐ	130(7과)
小学生 xiǎoxuéshēng	100(5과)	一直 yìzhí	158(9과)
写 xiě	140(7과), 179(10과)	银行 yínháng	112(6과), 144(8과)
辛苦 xīnkǔ	113(6과)	饮料 yǐnliào	200(12과)
星期 xīngqī	130(7과)	印度 Yìndù	60(2과)
星期几 xīngqī jǐ	130(7과)	英国 Yīngguó	60(2과)
星期六 xīngqīliù	130(7과)	樱桃 yīngtáo	182(10과)
行 xíng	186(11과)	英语 Yīngyǔ	87(4과)
行人 xíngrén	158(9과)	用 yòng	204(12과)
姓 xìng	64(3과)	邮局 yóujú	154(8과), 164(9과)
休息 xiūxi	140(7과), 151(8과)	有 yǒu	92(5과)
学生 xuésheng	56(2과)	又 yòu	200(12과)
学习 xuéxí	140(7과), 151(8과)	鱼香肉丝 yúxiāng ròusī	200(12과)
学校 xuéxiào	83(4과)	圆珠笔 yuánzhūbǐ	88(4과)

Y

		远 yuǎn	158(9과), 168(9과)
颜色 yánsè	186(11과)	月 yuè	130(7과)
演员 yǎnyuán	116(6과)	越南 Yuènán	60(2과)
杨 Yáng	74(3과)	运动 yùndòng	137(7과)
要 yào	172(10과), 186(11과)		

Z

爷爷 yéye	101(5과), 102(5과)	在 zài	106(6과), 158(9과)
也 yě	38(1과)	再 zài	38(1과)
一 yī	92(5과)	咱们 zánmen	46(1과)
衣服 yīfu	186(11과)	早 zǎo	144(8과)
医生 yīshēng	106(6과)	早上 zǎoshang	144(8과)
医院 yīyuàn	106(6과)	怎么 zěnme	158(9과)

색인 **239**

색인

怎么样 zěnmeyàng	130(7과)
张 Zhāng	74(3과)
丈夫 zhàngfu	102(5과)
赵 Zhào	74(3과)
这 zhè	78(4과)
知道 zhīdào	158(9과)
芝士 zhīshì	87(4과)
中国 Zhōngguó	60(2과)
中国菜 Zhōngguó cài	200(12과)
中国人 Zhōngguórén	50(2과)
周末 zhōumò	192(11과)
主食 zhǔshí	200(12과)
桌子 zhuōzi	88(4과)
紫色 zǐsè	196(11과)
自行车 zìxíngchē	99(5과)
棕色 zōngsè	196(11과)
走 zǒu	158(9과)
做 zuò	106(6과)
作家 zuòjiā	116(6과)

중국어뱅크

집중 중국어
워크북

STEP 1

동양북스

중국어의 특징 및 발음

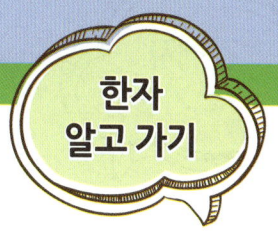

한자 쓰기 순서

1. 위에서 아래로 씁니다.
   三   一 → 二 → 三

2. 왼쪽에서 오른쪽으로 씁니다.
   川   丿 → 丿丨 → 川

3. 가로획을 먼저 쓰고 세로획을 씁니다.
   井   一 → 二 → 丼 → 井

4. 좌우가 대칭인 글자는 가운데를 먼저 씁니다.
   水   亅 → 水 → 水 → 水

5. 가운데를 꿰뚫는 글자는 가운데를 마지막에 씁니다.
   中   口 → 口 → 中 → 中

6. 둘러싸인 모양의 글자는 가장자리부터 씁니다.
   同   丨 → 冂 → 冂 → 冋 → 同 → 同

7. 맨 아래 가로획은 마지막에 씁니다.
   国   丨 → 冂 → 冋 → 国 → 国 → 国 → 国 → 国

8. 오른쪽 위에 있는 점은 마지막에 씁니다.
   犬   一 → 大 → 犬 → 犬

9. 삐침과 파임이 겹칠 때는 삐침을 먼저 씁니다.
   父   丿 → 父 → 父 → 父 → 父

10. 변을 먼저 쓰고 받침은 나중에 씁니다.
    进   丿 → 井 → 进 → 进 → 进 → 进 → 进 → 进

간체자 쓰기

四 sì ㊛ 사, 4	四 囗 冂 四 四 四
	四 sì 사, 4

五 wǔ ㊛ 오, 5	五 一 丅 五 五
	五 wǔ 오, 5

六 liù ㊛ 육, 6	六 亠 六 六
	六 liù 육, 6

七 qī ㊛ 칠, 7	七 一 七
	七 qī 칠, 7

九 jiǔ ㊛ 구, 9	九 丿 九
	九 jiǔ 구, 9

谢谢
xièxie
동 감사합니다

| 谢 谢 谢 谢 谢 谢 谢 谢 谢 谢 谢 |
| 谢 谢 谢 谢 谢 谢 谢 谢 谢 谢 谢 |

谢谢					
xièxie					
감사합니다					

不
bù
부 ~하지 않다

| 不 不 不 不 |

不					
bù					
~하지 않다					

客气
kèqi
동 사양하다

| 客 客 客 客 客 客 客 客 客 |
| 气 气 气 气 气 |

客气					
kèqi					
사양하다					

对不起
duìbuqǐ
미안합니다

| 对 对 对 对 对 |
| 不 不 不 不 |
| 起 起 起 起 起 起 起 起 起 起 |

对不起					
duìbuqǐ					
미안합니다					

没关系
méi guānxi
괜찮습니다

| 没 没 没 没 没 没 没 |
| 关 关 关 关 关 关 |
| 系 系 系 系 系 系 系 |

没关系					
méi guānxi					
괜찮습니다					

MP3 W00-01

1 녹음을 듣고 성조를 표시해 보세요.

1음절

① duo   ④ wo   ⑦ kuai

② shui   ⑤ shi   ⑧ ta

③ jian   ⑥ chi   ⑨ lai

다음절

① Zhongguo   ④ niunai   ⑦ gaoxing

② Meiguo   ⑤ shenme   ⑧ yinhang

③ dianying   ⑥ Hanguoren   ⑨ daxuesheng

MP3 W00-02

2 녹음을 듣고 운모와 성조를 표시해 보세요.

① n＿ ge   ⑤ Y＿ d＿ lì   ⑨ l＿ sh＿

② j＿   ⑥ b＿ zi   ⑩ d＿ n＿

③ x＿ x＿   ⑦ sh＿ jī   ⑪ ＿ shí

④ n＿ n＿   ⑧ gōngz＿   ⑫ y＿ sh＿

3 녹음을 듣고 성모와 성조를 표시해 보세요.

① ___ ou　　　⑤ ___ ui　　　⑨ ___ e

② ___ ai　　　⑥ ___ ou　　　⑩ ji ___ ang

③ ___ ei ___ ei　　⑦ ___ an ___ ian　　⑪ ___ ing ___ ian

④ ___ ue ___ iao　　⑧ ___ i ___ i　　⑫ ___ eng ___ i

4 녹음을 듣고 빈칸에 들어갈 한어병음을 쓰세요.

① x___ xie

② b___ kè ___

③ d___ bu ___

④ m___ g___ xi

UNIT 01
你好！

안녕하세요!

▲ 人(亻) '사람 인'을 부수로 가진 한자들은 주로 사람과 관련이 있습니다.

人 rén 명 사람

你 nǐ 대 너, 당신

您 nín 대 당신

们 men ~들[주로 사람에게 사용]

▲ 他(그) / 她(그녀) / 它(그것)는 왜 발음이 똑같을까요?

他 / 她 / 它는 발음이 모두 tā이지요?
영어에서는 3인칭을 지칭하는 대사가 he / she / it 세 가지로 나뉩니다. 그런데 한국어도 마찬가지만(말할 때 '그 / 그녀'라는 표현을 쓰는 사람 거의 없죠?) 중국어도 3인칭 대사가 발달하지 않았습니다. 그래서 '그 남자', '그 여자'를 지칭하여 말할 때는 tā로 통일하고, 글을 쓸 때는 글자를 다르게 써서 구분해 줍니다. 它는 글에서만 쓰고, 말할 때는 쓰지 않습니다.

我 wǒ
대 나

我 我 我 我 我 我 我

您 nín
대 당신[존칭]

您 您 您 您 您 您 您 您 您

她 tā
대 그녀

她 她 她 她 她 她 她

它 tā
대 그것

它 它 它 它 它 它

们 men
~들

们 们 们 们 们 们

한자	병음/뜻	쓰기
再	zài / 豊 다시	再 再再再再再再
很	hěn / 豊 아주, 매우	很 很很很很很很很很
吗	ma / 조 의문을 나타내는 조사	吗 吗吗吗吗吗吗
呢	ne / 조 의문을 나타내는 조사	呢 呢呢呢呢呢呢呢呢
大家	dàjiā / 대 여러분	大 大大大 / 家 家家家家家家家家家

1 녹음을 듣고 빈칸에 들어갈 한어병음을 쓰세요.

① _____ !

② _____ hǎo!

③ Lǎoshī, _____ !

④ _____ jiàn!

⑤ _____ hǎo.

⑥ _____ jiàn!

2 다음 한국어 단어에 해당하는 중국어 한자와 한어병음을 쓰세요.

	한자	한어병음
① 나	_____	_____
② 너	_____	_____
③ 당신	_____	_____
④ 그	_____	_____
⑤ 그녀	_____	_____
⑥ 그것	_____	_____
⑦ 우리	_____	_____

3 다음 한국어 문장을 중국어로 번역해 보세요.

① 안녕! ⋯▶ _____

② 선생님, 안녕하세요! ⋯▶ _____

③ 안녕히 가세요! ⋯▶ _____

④ 잘 지내세요? ⋯▶ _____

⑤ 당신은요? ⋯▶ _____

⑥ 저도 잘 지내요. ⋯▶ _____

⑦ 내일 봐요! ⋯▶ _____

4 밑줄을 채워서 대화를 완성하세요.

A 新华，你好！

B 晶晶，_____！

A _____？

B 我很好，_____？

A 我也_____。

B 再见！

A _____！

UNIT 02
我是韩国人。

나는 한국인입니다.

▲ 囗 '큰 입 구'(口 '입 구'와 모양은 같고 크기가 커서 붙은 이름)를 부수로 갖는 한자들은 영토, 영역과 관련된 경우가 많습니다.

国 guó 명 나라

公园 gōngyuán 명 공원

地图 dìtú 명 지도

▲ 父 '아비 부'를 부수로 갖는 한자들은 아버지 또는 나이 많은 남성과 관련된 경우가 많습니다.

爸爸 bàba 명 아빠

爷爷 yéye 명 할아버지

父亲 fùqīn 명 부친, 아버지

韩国
Hánguó
고유 한국

韩 韩 韩 韩 韩 韩 韩 韩 韩 韩 韩 韩
国 国 囗 冂 冃 日 囯 国 国

中国
Zhōngguó
고유 중국

中 中 中 中 中
国 囗 冂 冃 日 囯 国 国

美国
Měiguó
고유 미국

美 美 美 美 美 美 美 美 美
国 囗 冂 冃 日 囯 国 国

日本
Rìběn
고유 일본

日 日 冂 日 日
本 一 十 才 木 本

德国
Déguó
고유 독일

德 德 德 德 德 德 德 德 德 德 德 德 德
国 囗 冂 冃 日 囯 国 国

Character	Stroke order / Practice
哪 nǎ 대 어느	哪 哪哪哪叨叨叨哪哪哪 哪 nǎ 어느
是 shì 동 ~이다	是 是是是是是是是是是 是 shì ~이다
都 dōu 부 모두	都 都都都者者者者者者都都 都 dōu 모두
大 dà 형 크다	大 大大大 大 dà 크다
学生 xuésheng 명 학생	学 学学学学学学学 生 生生生生生 学生 xuésheng 학생

1 녹음을 듣고 빈칸에 들어갈 한어병음을 쓰세요.

① Nǐ shì _____ ?

② _____ Zhōngguórén, wǒ shì _____ .

③ _____ Hánguórén.

④ Nǐmen shì _____ ?

⑤ Wǒmen dōu shì _____ .

⑥ _____ shì Měiguórén.

2 대화가 자연스럽게 이어지는 문장끼리 연결하세요.

① 你是韩国人吗?　　　　　•　　　　　• 很好，你呢?

② 明天见！　　　　　　　•　　　　　• 是，他也是中国人。

③ 他们都是大学生吗?　　　•　　　　　• 再见！

④ 他也是中国人吗?　　　　•　　　　　• 是，我是韩国人。

⑤ 你好吗?　　　　　　　　•　　　　　• 他们不是大学生，他们是小学生。

⑥ 你们是哪国人?　　　　　•　　　　　• 我们是美国人。

단어　小学生 xiǎoxuéshēng 명 초등학생

3 다음 한국어 문장을 중국어로 번역해 보세요.

① 나는 한국인입니다. ┈┈▶ _____

② 당신은 중국인입니까? ┈┈▶ _____

③ 저는 중국인이 아니라 미국인입니다. ┈┈▶ _____

④ 그는 어느 나라 사람입니까? ┈┈▶ _____

⑤ 당신들은 모두 대학생입니까? ┈┈▶ _____

⑥ 저도 중국인이 아닙니다. ┈┈▶ _____

4 밑줄을 채워서 대화를 완성하세요.

A 你是_____?

B _____，我是中国人。你_____是中国人吗?

A 我_____，我是韩国人。

B 他呢? 他是_____?

A _____日本人。

B 你们是_____?

A 是，我们_____学生。

UNIT 03
你叫什么名字?

당신의 이름은 무엇입니까?

▲ 口 '입 구'를 부수로 갖는 한자들은 말하기, 먹기 등 입과 관련된 행동과 관련 있는 경우가 많습니다.

吗 ma 조 의문을 나타내는 조사

呢 ne 조 의문을 나타내는 조사

叫 jiào 동 ~라고 부르다

吃 chī 동 먹다

喝 hē 동 마시다

▲ 女 '계집 녀'를 부수로 갖는 한자들은 주로 여자와 관련이 있습니다.

她 tā 명 그녀

妈妈 māma 명 엄마

姐姐 jiějie 명 누나, 언니

妹妹 mèimei 명 여동생

姓 xìng '성이 ~이다'에도 女자가 들어있지요? 이것은 중국의 원시사회가 모계사회였기 때문이었다고 설명하는 학자들도 있습니다.

叫
jiào
동 ~라고 부르다

叫 叫 叫 叫 叫 叫

什么
shénme
대 무엇

什 什 什 什 什
么 么 么 么

名字
míngzi
명 이름

名 名 夕 夕 名 名
字 字 字 字 字 字

贵
guì
형 귀하다

贵 贵 贵 贵 贵 贵 贵 贵 贵

姓
xìng
동 성이 ~이다

姓 姓 姓 姓 姓 姓 姓 姓

谁 shéi 대 누구	谁　谁 谁 谁 谁 谁 谁 谁 谁 谁 谁
	谁 shéi 누구

朋友 péngyou 명 친구	朋　朋 朋 朋 朋 朋 朋 朋 友　友 友 友 友
	朋友 péngyou 친구

认识 rènshi 동 (사람을) 알다	认　认 认 认 认 识　识 识 识 识 识 识 识
	认识 rènshi (사람을) 알다

高兴 gāoxìng 형 기쁘다	高　高 高 高 高 高 高 高 高 高 兴　兴 兴 兴 兴 兴 兴
	高兴 gāoxìng 기쁘다

老师 lǎoshī 명 선생님	老　老 老 老 老 老 老 师　师 师 师 师 师
	老师 lǎoshī 선생님

1 녹음을 듣고 밑줄을 채우세요.

① 你叫_____?

② _____张大伟。

③ 老师, _____?

④ _____王, _____王林。

⑤ 她叫金秀珍, _____。

⑥ 认识你, _____。

2 녹음을 듣고 내용과 일치하는 문장에는 O, 일치하지 않는 문장에는 X표 하세요.

① (　　) 我是韩国人。

② (　　) 我姐姐不是大学生。

③ (　　) 我爸爸是老师。

④ (　　) 我妈妈是老师。

3 대화가 자연스럽게 이어지는 문장끼리 연결하세요.

① 你姓什么? • • 是，他是我爸爸。

② 她是谁? • • 她是我姐姐。

③ 你朋友是哪国人? • • 我姐姐叫金秀珍。

④ 他是你爸爸吗? • • 我姓王，叫王林。

⑤ 您贵姓? • • 我姓金。

⑥ 你姐姐叫什么名字? • • 我朋友是中国人。

4 밑줄을 채워서 대화를 완성하세요.

A 你好！_____李晶晶。你叫_____?

B _____金秀珍。你是中国人吗?

A 是。_____?

B _____韩国人。

A 你是_____?

B _____，我是大学生。

A _____?

B 她是我朋友，叫吴希。_____大学生。

UNIT 04
这是什么

이것은 무엇입니까?

▲ 言(讠) '말씀 언'을 부수로 갖는 한자들은 말하기와 관련된 경우가 많습니다.

汉语 Hànyǔ 명 중국어
说 shuō 동 말하다
语言 yǔyán 명 언어

▲ 艹 '초두'를 부수로 갖는 한자들은 풀 또는 식물과 관련된 경우가 많습니다.

茶 chá 명 차
花 huā 명 꽃
苹果 píngguǒ 명 사과
草莓 cǎoméi 명 딸기
葡萄 pútao 명 포도

간체자 쓰기

这 zhè 대 이, 이것	这 这这文文这这这
	这 / zhè / 이, 이것

书 shū 명 책	书 书马书书
	书 / shū / 책

的 de 조 ~의	的 的的的的的的的的
	的 / de / ~의

历史 lìshǐ 명 역사	历 历历历历 史 史史史史史
	历史 / lìshǐ / 역사

家 jiā 명 집	家 家家家家家家家家家
	家 / jiā / 집

学校
xuéxiào
명 학교

学 学学学学学学学学
校 校校校校校校校校校

学校
xuéxiào
학교

包
bāo
명 가방

包 包包包包包

包
bāo
가방

汉语
Hànyǔ
명 중국어

汉 汉汉汉汉汉
语 语语语语语语语语

汉语
Hànyǔ
중국어

红茶
hóngchá
명 홍차

红 红红红红红红
茶 茶茶茶茶茶茶茶茶

红茶
hóngchá
홍차

钢笔
gāngbǐ
명 만년필

钢 钢钢钢钢钢钢钢钢
笔 笔笔笔笔笔笔笔笔笔

钢笔
gāngbǐ
만년필

1 녹음을 듣고 내용과 일치하는 문장에는 O, 일치하지 않는 문장에는 X표 하세요.

① (　　) 绿茶是晶晶的。

② (　　) 绿茶很好喝。

③ (　　) 新华的茶是红茶。

④ (　　) 新华的茶很好喝。

단어　绿茶 lǜchá 명 녹차

2 〈보기〉에서 알맞은 형용사를 골라 문장을 완성해 보세요.

보기

| 好吃 | 好 | 好用 | 好看 | 好喝 |

① 我妈妈很(　　　)。

② 这本书很(　　　)。

③ 红茶很(　　　)。

④ 我的钢笔很(　　　)。

⑤ 芝士蛋糕很(　　　)。

3 오른쪽 대답에 알맞은 질문을 완성해 보세요.

① A _____? B 这是书。

② A _____? B 这是汉语书。

③ A _____? B 这是我的书。

④ A _____? B 这本书不好看。

⑤ A _____? B 英语书不是我的。

4 밑줄을 채워서 대화를 완성하세요.

A _____?

B 这是蛋糕。

A 这是_____?

B 是芝士蛋糕。

A 这_____你的?

B 是我的。

A 这个_____?

B 很好吃。

UNIT 05
你家有几口人？

가족이 몇 명이에요?

▲ 广 '엄 호'를 부수로 갖는 한자들은 건물과 관련된 경우가 많습니다.

家庭 jiātíng 몡 가정
饭店 fàndiàn 몡 호텔
商店 shāngdiàn 몡 상점

▲ 木 '나무 목'을 부수로 갖는 한자들은 나무 또는 나무로 만든 물건이나 건물, 기계 등과 관련 있는 경우가 많습니다.

树 shù 몡 나무
桃子 táozi 몡 복숭아
杯子 bēizi 몡 컵
学校 xuéxiào 몡 학교
手机 shǒujī 몡 휴대전화

有 yǒu 동 있다	有　一ナ才有有有
	有
	yǒu
	있다

没 méi 부 ~하지 않다	没　没没没没没没没
	没
	méi
	~하지 않다

妹妹 mèimei 명 여동생	妹　く丬女女女妖妹妹 妹　く丬女女女妖妹妹
	妹妹
	mèimei
	여동생

哥哥 gēge 명 형, 오빠	哥　哥哥哥哥可哥哥哥哥 哥　哥哥哥哥可哥哥哥哥
	哥哥
	gēge
	형, 오빠

和 hé 접 ~와, 그리고	和　和千千禾禾和和
	和
	hé
	~와, 그리고

还 hái 뷔 아직	还　还还还不不还还				
	还				
	hái				
	아직				

零 líng 쥐 영, 0	零　零零零零零零零零零零零零				
	零				
	líng				
	영, 0				

两 liǎng 쥐 둘, 2	两　两两两丙丙两两				
	两				
	liǎng				
	둘, 2				

万 wàn 쥐 만	万　万万万				
	万				
	wàn				
	만				

弟弟 dìdi 명 남동생	弟　弟弟弟弟弟弟弟 弟　弟弟弟弟弟弟弟				
	弟弟				
	dìdi				
	남동생				

1 녹음을 듣고 해당하는 숫자를 쓰세요.

① _____ ② _____ ③ _____

④ _____ ⑤ _____

2 아래의 숫자를 중국어로 쓰세요.

① 45 ⋯▶ _____

② 2350 ⋯▶ _____

③ 102 ⋯▶ _____

④ 93 ⋯▶ _____

⑤ 8032 ⋯▶ _____

3 그림을 보고 알맞은 숫자와 양사를 밑줄에 쓰세요.

① 　② 　③ 　④

_____大学生　_____妹妹　_____人　_____英语书

4 녹음을 듣고 내용과 일치하는 문장에는 O, 일치하지 않는 문장에는 X표 하세요.

① (　　) 大伟家有五口人。

② (　　) 大伟没有哥哥。

③ (　　) 晶晶的妹妹是大学生。

④ (　　) 晶晶家有五口人。

단어 兄弟姐妹 xiōngdì jiěmèi 명 형제자매 | 独生子 dúshēngzǐ 명 외아들

5 밑줄을 채워서 대화를 완성하세요.

A 你家有_____?

B 五口人，你家呢?

A _____四口人。

B 你有_____?

A 有，我有两个哥哥。你呢?

B 我_____，我有一个弟弟。

UNIT 06
你做什么工作?

당신은 무슨 일을 합니까?

▲ 우리나라 한자음과 중국 한자음은 왜 비슷하면서도 다를까요?

	한국 한자음	중국 한자음
韩国	한국	Hánguó
中国	중국	Zhōngguó
美国	미국	Měiguó
学生	학생	xuésheng

한국 한자음은 중국의 한자음이 여러 시대에 걸쳐 전래되어서 형성되었습니다. 그 중에서도 현대 한국 한자음의 기초를 이루는 것은 중국 당(唐)나라 때의 수도 장안(长安)의 발음일 것으로 추측됩니다. 한 국가 안에서도 지역과 시대에 따라 언어가 변화하듯, 한자음도 오랜 시간을 거쳐 중국과 한국에서 각각 다른 모습으로 변화하게 된 것이지요.

간체자 쓰기

做 zuò
동 하다

做 做 做 做 做 做 做 做 做 做

做				
zuò				
하다				

工作 gōngzuò
명 일 동 일하다

工 工 工 工
作 作 作 作 作 作 作

工作				
gōngzuò				
일, 일하다				

在 zài
개 ~에서

在 在 在 在 在 在

在				
zài				
~에서				

北京 Běijīng
고유 베이징

北 北 北 北 北
京 京 京 京 京 京 京 京

北京				
Běijīng				
베이징				

医院 yīyuàn
명 병원

医 医 医 医 医 医 医
院 院 院 院 院 院 院 院 院

医院				
yīyuàn				
병원				

可以 kěyǐ 형 괜찮다	可　可可可可可
	以　以以以以
	可以
	kěyǐ
	괜찮다

妻子 qīzi 명 아내	妻　妻妻妻妻妻妻妻妻
	子　子了子
	妻子
	qīzi
	아내

家庭 jiātíng 명 가정	家　家家家家家家家家家家
	庭　庭庭庭庭庭庭庭庭
	家庭
	jiātíng
	가정

饭店 fàndiàn 명 호텔	饭　饭饭饭饭饭饭饭
	店　店店广广店店店
	饭店
	fàndiàn
	호텔

厨师 chúshī 명 요리사	厨　厨厨厨厨厨厨厨厨厨
	师　师师师师师
	厨师
	chúshī
	요리사

연습문제

1 〈보기〉에서 알맞은 단어를 골라 문장을 완성해 보세요. 단어가 두 번 쓰일 수도 있습니다.

보기

哪儿　不　是　没　有　的　姓
个　什么　几　谁　呢　哪　和

① 你是(　　)国人？

② 你是(　　)中国人？

③ 我(　　)弟弟，我有一(　　)姐姐。

④ 你家有(　　)口人？

⑤ 我很好。你(　　)？

⑥ 她是(　　)？

⑦ 您贵(　　)？

⑧ 我家有爸爸、妈妈、姐姐(　　)我。

⑨ A 这是(　　)书？　B 是历史书。

⑩ A 这是(　　)书？　B 是我的书。

⑪ 你在(　　)工作？

MP3 W06-01

2 녹음을 듣고 내용과 일치하는 문장에는 O, 일치하지 않는 문장에는 X표 하세요.

① (　　) 刘建工作很忙。

② (　　) 李娜很累。

③ (　　) 李娜工作很忙。

④ (　　) 刘建在北京医院工作。

단어　**特别** tèbié 뷔 특별히, 아주

3 대화가 자연스럽게 이어지는 문장끼리 연결하세요.

① 你工作吗?　　　　　　　　　我在北京大学工作。

② 你在哪儿工作?　　　　　　　工作。

③ 你工作忙吗?　　　　　　　　我是大学老师。

④ 你工作累吧?　　　　　　　　是，我工作很累。

⑤ 你做什么工作?　　　　　　　还可以，不太忙。

단어　北京大学 Běijīng dàxué 고유 베이징대학 | 大学 dàxué 명 대학교

4 다음 한국어 문장을 중국어로 번역해 보세요.

① 당신은 무슨 일을 합니까? ⋯▶ _____

② 당신은 어디에서 일을 합니까? ⋯▶ _____

③ 당신은 일이 바빠요 안 바빠요? ⋯▶ _____

④ 당신 부인도 일을 하지요? ⋯▶ _____

⑤ 나는 베이징은행에서 일을 합니다. ⋯▶ _____

⑥ 나는 선생님입니다. ⋯▶ _____

UNIT 07
今天几月几号?

오늘은 몇 월 며칠입니까?

▲ 日 '날 일' 또는 月 '달 월'을 부수로 갖는 한자들은 시간과 관련 있는 경우가 많습니다.

日 rì 일

生日 shēngrì 명 생일
时候 shíhou 명 ~할 때
昨天 zuótiān 명 어제
时间 shíjiān 명 시간
晚上 wǎnshang 명 저녁

月 yuè 월

明年 míngnián 명 내년
星期 xīngqī 명 주, 요일

▲ 心(忄) '마음 심'을 부수로 갖는 한자들은 마음이나 심리 상태와 관련된 경우가 많습니다.

忙 máng 형 바쁘다
想 xiǎng 조동 ~하고 싶다
开心 kāixīn 형 기쁘다, 즐겁다

간체자 쓰기

号 hào
명 일

号　号号号号号

时候 shíhou
명 ~할 때

时　时时时时时时
候　候候候候候候候候候

星期 xīngqī
명 주, 요일

星　星星星星星星星星
期　期期期期期期期期期期期

对 duì
형 맞다

对　对对对对对

一起 yìqǐ
부 같이

一　一
起　起起起起起起起起起起

吃饭 chīfàn 동 밥을 먹다	吃 吃吃吃吃吃吃 饭 饭饭饭饭饭饭饭
	吃饭
	chīfàn
	밥을 먹다

怎么样 zěnmeyàng 대 어떻다	怎 怎怎怎怎怎怎怎 么 么么么 样 样样样样样样样样样
	怎么样
	zěnmeyàng
	어떻다

啊 a 조 감탄을 나타냄	啊 啊啊啊啊啊啊啊啊
	啊
	a
	감탄을 나타냄

后年 hòunián 명 내후년	后 后后后后后后 年 年年年年年年
	后年
	hòunián
	내후년

考试 kǎoshì 명 시험 동 시험을 보다	考 考考考考考考 试 试试试试试试试试
	考试
	kǎoshì
	시험

1 녹음을 듣고 해당하는 연도 또는 날짜를 쓰세요.

① _____ ② _____ ③ _____

④ _____ ⑤ _____

2 녹음을 듣고 시험이 언제인지 고르세요.

① 5月10号星期三

② 5月15号星期一

③ 5月15号星期三

④ 5月16号星期一

⑤ 5月16号星期三

3 녹음을 듣고 내용과 일치하는 문장에는 O, 일치하지 않는 문장에는 X표 하세요.

① (　　) 今天是星期六。

② (　　) 考试是5月14号。

③ (　　) 今天我和晶晶一起吃饭。

④ (　　) 我的生日是星期三。

⑤ (　　) 17号我和晶晶一起学习。

단어   那天 nàtiān 명 그날

4 달력을 보고 아래 질문에 답해 보세요.

일	월	화	수	목	금	토
4/30	5/1 (오늘)	2	3	4	5	6
7	8	9	10 (내 생일)	11	12	13
14	15	16	17	18	19 (시험)	20
21	22	23	24	25	26	27

① 今天几月几号?

② 下下个星期二是几月几号?

③ 昨天星期几?

④ 我的生日是星期几?

⑤ 考试是什么时候?

5 다음 한국어 문장을 중국어로 번역해 보세요.

① 당신은 한국인이지요? ⋯▶ _____

② 오늘은 무슨 요일입니까? ⋯▶ _____

③ 오늘은 3월 1일이 아니라, 3월 2일입니다. ⋯▶ _____

④ 내일 나와 징징은 같이 밥을 먹습니다. ⋯▶ _____

⑤ 오늘은 몇 월 며칠입니까? ⋯▶ _____

⑥ 당신의 생일은 몇 월 며칠입니까? ⋯▶ _____

UNIT 08
现在几点?

지금 몇 시입니까?

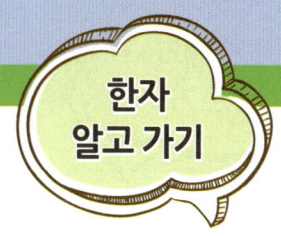

▲ 宀 '갓머리'를 부수로 갖는 한자들은 집 또는 건물과 관련 있는 경우가 많습니다.

家 jiā 명 집

图书馆 túshūguǎn 명 도서관

大使馆 dàshǐguǎn 명 대사관

宿舍 sùshè 명 기숙사

宾馆 bīnguǎn 명 여관, 호텔

▲ 食(饣) '먹을 식'을 부수로 갖는 한자들은 음식이나 먹는 행위와 관련된 경우가 많습니다.

主食 zhǔshí 명 주식

食堂 shítáng 명 (학교, 회사 등의) 식당

餐厅 cāntīng 명 음식점

饭 fàn 명 밥

饮料 yǐnliào 명 음료

간체자 쓰기

点 diǎn
양 시

点　点点点点点点点点点

点				
diǎn				
시				

刻 kè
양 15분

刻　刻刻刻刻刻刻刻刻

刻				
kè				
15분				

课 kè
명 수업

课　课课课课课课课课课

课				
kè				
수업				

快 kuài
부 빨리

快　快快快快快快快

快				
kuài				
빨리				

银行 yínháng
명 은행

银　银银银银银银银银银
行　行行行行行行

银行				
yínháng				
은행				

图书馆
túshūguǎn
명 도서관

图	图图图图图图图图
书	书书书书
馆	馆馆馆馆馆馆馆馆馆馆

图书馆			
túshūguǎn			
도서관			

半
bàn
수 반, 30분

| 半 | 半半半半半 |

半			
bàn			
반			

差
chà
동 부족하다

| 差 | 差差差差差差差差差 |

差			
chà			
부족하다			

睡觉
shuìjiào
동 잠을 자다

| 睡 | 睡睡睡睡睡睡睡睡睡睡睡睡 |
| 觉 | 觉觉觉觉觉觉觉觉觉 |

睡觉			
shuìjiào			
잠을 자다			

食堂
shítáng
명 (학교, 회사 등의) 식당

| 食 | 食食食食食食食食 |
| 堂 | 堂堂堂堂堂堂堂堂堂堂 |

食堂			
shítáng			
식당			

1 녹음을 듣고 몇 시 몇 분인지 쓰세요.

① _____   ② _____   ③ _____

④ _____   ⑤ _____

2 다음 시간 표현에서 一가 몇 성으로 읽히는지, 그리고 2가 两 / 二 중 어떤 것으로 쓰이는지 표시하세요.

① 1:01	⋯▶	一点零一分 (　) diǎn líng (　) fēn
② 11:11	⋯▶	十一点十一分 shí(　) diǎn shí(　) fēn
③ 1:15	⋯▶	一点一刻 (　) diǎn (　)kè
④ 12:02	⋯▶	十(　)点零(　)分 shí(　) diǎn líng (　) fēn
⑤ 2:20	⋯▶	(　)点(　)十分 (　) diǎn (　)shí fēn

3 녹음을 듣고 내용과 일치하는 문장에는 O, 일치하지 않는 문장에는 X표 하세요.

① (　　) 现在是上午。

② (　　) 晶晶十一点半下课。

③ (　　) 大伟去上课。

④ (　　) 他们十一点半一起吃饭。

4 대화가 자연스럽게 이어지는 문장끼리 연결하세요.

① 现在几点?　　　•　　　　　•　我去学校。

② 你几点上班?　　•　　　　　•　今天五月二十一号。

③ 你去哪儿?　　　•　　　　　•　现在两点二十一分。

④ 你去上课吗?　　•　　　　　•　我不去上课，我去吃饭。

⑤ 今天有没有课?　•　　　　　•　我八点上班。

⑥ 今天几月几号?　•　　　　　•　今天有两门课。

단어　门 mén 양 과목[수업의 양사]

5 다음 한국어 문장을 중국어로 번역해 보세요.

① 당신은 어디에 갑니까? ⋯▶ _____

② 나는 수업 들으러 갑니다. ⋯▶ _____

③ 당신은 도서관에 갑니까? ⋯▶ _____

④ 당신은 오늘 수업이 있습니까? ⋯▶ _____

⑤ 몇 시에 수업이 끝나요? ⋯▶ _____

⑥ 나는 도서관에 공부하러 갑니다. ⋯▶ _____

UNIT 09
图书馆在哪儿?

도서관이 어디에 있습니까?

▲ 走 '달릴 주'를 부수로 갖는 한자들은 몸의 움직임과 관련 있는 경우가 많습니다.

走 zǒu 동 가다, 걷다
起床 qǐchuáng 동 (잠자리에서) 일어나다

▲ 辶 '쉬엄쉬엄갈 착'을 부수로 갖는 한자들은 길, 방위 등과 관련 있는 경우가 많습니다.

南边 nánbian 명 남쪽
左边 zuǒbian 명 왼쪽
附近 fùjìn 명 부근
近 jìn 형 가깝다
远 yuǎn 형 멀다

请问 qǐngwèn
말씀 좀 묻겠습니다

请 请 请 请 请 请 请 请 请 请
问 问 问 问 问 问

旁边 pángbiān
명 옆쪽

旁 旁 旁 旁 旁 旁 旁 旁 旁 旁
边 フ 力 为 边 边

附近 fùjìn
명 부근

附 附 附 附 附 附 附 附
近 近 斤 斤 近 近 近 近

超市 chāoshì
명 슈퍼마켓

超 超 超 赶 赶 起 起 起 超 超
市 市 市 市 市

就 jiù
부 바로, 곧

就 就 就 就 京 京 京 京 就 就 就

知道 zhīdào 동 알다	知 知知知知知知知知 道 道道道道道道道道道道
	知道
	zhīdào
	알다

一直 yìzhí 부 계속, 줄곧	一 一 直 直直直直直直直直直
	一直
	yìzhí
	계속, 줄곧

左 zuǒ 명 왼쪽	左 左左左左左
	左
	zuǒ
	왼쪽

邮局 yóujú 명 우체국	邮 邮邮邮邮邮邮 局 局局局局局局
	邮局
	yóujú
	우체국

洗手间 xǐshǒujiān 명 화장실	洗 洗洗洗洗洗洗洗洗 手 手手手手 间 间间间间间间
	洗手间
	xǐshǒujiān
	화장실

1 대화가 자연스럽게 이어지는 문장끼리 연결하세요.

① 图书馆在哪儿?　　　　•　　　　•　一直往前走。

② 谢谢！　　　　　　　•　　　　•　不远，走十分钟就到了。

③ 这附近有银行吗?　　　•　　　　•　在超市旁边。

④ 公园远不远?　　　　　•　　　　•　这附近没有银行。

⑤ 东门怎么走?　　　　　•　　　　•　对，就在那儿。

⑥ 邮局在图书馆前边吗?　•　　　　•　不用谢！

MP3 W09-01

2 녹음을 듣고 그림에서 A, B, C, D가 무슨 건물인지 중국어로 쓰세요.

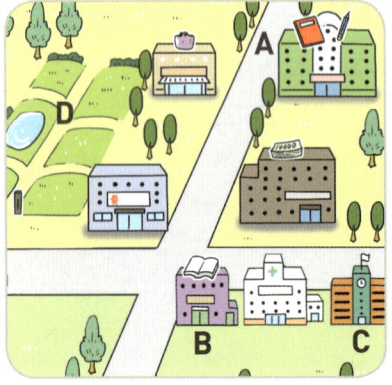

* 방향은 보는 사람을 기준으로 함

① A - _____

② B - _____

③ C - _____

④ D - _____

3 <보기>에서 알맞은 단어를 골라 문장을 완성해 보세요.

> 보기
>
> 的　有　去　往　到　在
> 就　哪儿　走　了

① 请问, (　　)北京站怎么(　　)?

② 一直(　　)前走。

③ 邮局在(　　)?

④ 邮局(　　)银行(　　)后边。

⑤ 这附近(　　)公园吗?

⑥ 公园(　　)在那儿。

⑦ 公园走十分钟就(　　)(　　)。

4 다음 한국어 문장을 중국어로 번역해 보세요.

① 말씀 좀 묻겠습니다. 은행이 어디에 있나요?
　‥▸ _____

② 은행은 서점 오른쪽에 있습니다. ‥▸ _____

③ 이 근처에 우체국이 있습니까? ‥▸ _____

④ 우체국은 바로 저기 있습니다. ‥▸ _____

⑤ 공원에 가려면 어떻게 갑니까? ‥▸ _____

⑥ 죄송합니다. 저는 몰라요. ‥▸ _____

⑦ 앞으로 쭉 가세요. ‥▸ _____

⑧ 걸어서 5분이면 도착해요. ‥▸ _____

UNIT 10
多少钱?

얼마예요?

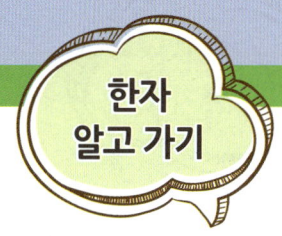

▲ 贝 '조개 패'와 金(钅) '쇠 금'을 부수로 갖는 한자들은 재물 또는 장사와 관련된 경우가 많습니다. 옛날에는 조개 껍데기나 금속이 주요 화폐로 쓰였기 때문이지요.

售货员 shòuhuòyuán 명 판매원

贵 guì 형 비싸다

钱 qián 명 돈

银行 yínháng 명 은행

* '买 mǎi 사다 / 卖 mài 팔다'의 번체자는 買 / 賣입니다.
이 두 글자에도 원래 贝(貝)가 들어있습니다.

售货员
shòuhuòyuán
명 판매원

售 售 售 售 售 售 售 售 售
货 货 货 货 货 货 货 货 货
员 员 员 员 员 员 员

售货员

shòuhuòyuán

판매원

钱
qián
명 돈

钱 钱 钱 钱 钱 钱 钱 钱 钱 钱

钱

qián

돈

要
yào
동 원하다

要 要 要 要 要 要 要 要 要

要

yào

원하다

便宜
piányi
형 싸다

便 便 便 便 便 便 便 便
宜 宜 宜 宜 宜 宜 宜 宜

便宜

piányi

싸다

苹果
píngguǒ
명 사과

苹 苹 苹 苹 苹 苹 苹 苹
果 果 果 果 果 果 果 果

苹果

píngguǒ

사과

3 대화가 자연스럽게 이어지는 문장끼리 연결하세요.

① 你要哪个?　　　　　　　•　　　　　• 西瓜一块一斤。

② 这个多少钱?　　　　　　•　　　　　• 苹果七块一斤。

③ 太贵了，便宜点儿吧。　•　　　　　• 这个五块五。

④ 苹果多少钱一斤?　　　　•　　　　　• 我要一斤苹果。

⑤ 西瓜怎么卖?　　　　　　•　　　　　• 一共二十一块五。

⑥ 一共多少钱?　　　　　　•　　　　　• 那就十五块吧。

4 다음 한국어 문장을 중국어로 번역해 보세요.

① 무엇이 필요하세요?　　⋯▶ _____

② 딸기 한 근에 얼마예요?　⋯▶ _____

③ 사과는 어떻게 파세요?　⋯▶ _____

④ 이거 얼마예요?　　　　⋯▶ _____

⑤ 사과 한 근이랑 딸기 한 근 주세요. ⋯▶ _____

⑥ 모두 얼마예요?　　　　⋯▶ _____

⑦ 너무 비싸요. 좀 깎아주세요. ⋯▶ _____

UNIT 11
明天做什么?

내일 뭐 해요?

▲ 기존에 사용하던 번체자의 필획을 간략하게 정리한 것이 간체자라고 배웠죠?
그럼 간체자는 어떤 규칙에 따라서 만들어졌을까요?

1 고대 글자 중에 필획이 간단한 글자가 있을 경우 그것을 사용

　　無 → 无

2 초서체에서 쓰이던 글자모양을 채택

　　東 → 东

3 복잡한 편방을 간단한 글자로 대체

　　難 → 难

4 원래 글자의 특징적인 부분을 남김

　　聲 → 声

5 글자에서 소리를 담당하던 부분을 같은 소리를 내는 간단한 글자로 대체

　　運 → 运

6 원래 글자의 윤곽선을 남김

　　愛 → 爱

7 발음이 같고 간단한 글자로 대체

　　裡 → 里

8 새로운 글자를 제작

　　義 → 义

간체자 쓰기

想
xiǎng
[조동] ~하고 싶다

想　想想相木相相想想想想想想

想			
xiǎng			
~하고 싶다			

衣服
yīfu
[명] 옷

衣　衣衣大衣衣衣
服　服服服服服服服服

衣服			
yīfu			
옷			

跟
gēn
[접] ~와

跟　跟跟跟跟跟跟跟跟跟跟跟跟

跟			
gēn			
~와			

件
jiàn
[양] 벌(옷을 세는 양사)

件　件件件件件件

件			
jiàn			
벌			

见面
jiànmiàn
[동] 만나다

见　见见见见
面　面面面面面面面面

见面			
jiànmiàn			
만나다			

別的 biéde 명 다른 것	别 别别别别别别别 的 的的的的的的的
	别的
	biéde
	다른 것

颜色 yánsè 명 색깔	颜 颜颜颜颜颜颜颜颜颜颜颜颜颜 色 色色色色色色
	颜色
	yánsè
	색깔

周末 zhōumò 명 주말	周 周周周周周周周周 末 末末末末末
	周末
	zhōumò
	주말

电影 diànyǐng 명 영화	电 电电电电电 影 影影影影影影影影影影影影影
	电影
	diànyǐng
	영화

喝 hē 동 마시다	喝 喝喝喝喝喝喝喝喝喝喝
	喝
	hē
	마시다

MP3 W11-01

1 녹음을 듣고 우시가 산 옷과 가격을 고르세요.

① 180元　② 108元　③ 180元　④ 108元

단어 条 tiáo 양 바지를 세는 양사 | 裤子 kùzi 명 바지

MP3 W11-02

2 녹음을 듣고 내용과 일치하는 문장에는 O, 일치하지 않는 문장에는 X표 하세요.

① (　　) 晶晶明天去图书馆。

② (　　) 晶晶下星期五有考试。

③ (　　) 她们明天看韩国电影。

④ (　　) 她们明天去图书馆学习。

⑤ (　　) 她们明天十二点见面。

3 대화가 자연스럽게 이어지는 문장끼리 연결하세요.

① 你明天做什么?　　　　●　　　　● 可以。

② 还有别的颜色吗?　　　●　　　　● 还行。

③ 这件衣服怎么样?　　　●　　　　● 明天我想看电影。

④ 我可以试试吗?　　　　●　　　　● 好啊。

⑤ 我想去买衣服。　　　　●　　　　● 有黑的和白的。

⑥ 明天我们一起去，好不好? ●　　　● 我也想去。

4 다음 한국어 문장을 중국어로 번역해 보세요.

① 당신은 주말에 무엇을 합니까?　⋯▶ _____

② 나는 밥을 먹으러 가고 싶어요.　⋯▶ _____

③ 작은 거 있나요?　⋯▶ _____

④ 입어봐도 되나요?　⋯▶ _____

⑤ 이 옷 어때요?　⋯▶ _____

⑥ 저 옷 다른 색깔도 있나요?　⋯▶ _____

UNIT 12
你想吃什么？

당신은 무엇을 먹고 싶습니까?

▲ 目 '눈 목'을 부수로 갖는 한자들은 눈 또는 눈과 관련된 행동과 관련 있는 경우가 많습니다.

看 kàn 동 보다

睡觉 shuìjiào 동 자다

眼睛 yǎnjing 명 눈

▲ 竹(⺮) '대나무 죽'을 부수로 갖는 한자들은 대나무 또는 대나무로 만든 물건과 관련된 경우가 많습니다.

笔 bǐ 명 붓, 펜

筷子 kuàizi 명 젓가락

菜 cài
명 요리

菜 一 艹 节 芝 苙 苎 苎 莖 苹 菜 菜

菜				
cài				
요리				

喜欢 xǐhuan
동 좋아하다

喜 一 十 士 吉 吉 吉 吉 直 亭 喜 喜
欢 ㄡ 又 又 区 欢 欢

喜欢				
xǐhuan				
좋아하다				

餐厅 cāntīng
명 음식점

餐 ⺈ ⺈ ⺈ ⺈ ⺈ ⺈ ⺈ ⺈ ⺈ ⺈ ⺈ ⺈ 餐 餐 餐
厅 一 厂 厅 厅

餐厅				
cāntīng				
음식점				

饮料 yǐnliào
명 음료

饮 ⺈ ⺈ ⺈ ⺈ 饮 饮 饮
料 ⺈ ⺈ ⺈ ⺈ 米 米 米 料 料

饮料				
yǐnliào				
음료				

瓶 píng
양 병

瓶 丷 丷 兯 并 并 瓶 瓶 瓶 瓶

瓶				
píng				
병				

可乐
kělè
명 콜라

可　可可可可可
乐　乐乐乐乐乐

可乐					
kělè					
콜라					

豆腐
dòufu
명 두부

豆　豆豆豆豆豆豆
腐　腐腐腐腐腐腐腐腐腐腐腐腐

豆腐					
dòufu					
두부					

碗
wǎn
양 그릇

碗　碗碗碗碗碗碗碗碗碗碗碗碗

碗					
wǎn					
그릇					

筷子
kuàizi
명 젓가락

筷　筷筷筷筷筷筷筷筷筷筷筷筷
子　子子子

筷子					
kuàizi					
젓가락					

漂亮
piàoliang
형 예쁘다

漂　漂漂漂漂漂漂漂漂漂漂漂漂
亮　亮亮亮亮亮亮亮亮

漂亮					
piàoliang					
예쁘다					

MP3 W12-01

1 녹음을 듣고 따웨이가 주문한 음식을 고르세요.

단어 炸酱面 zhájiàngmiàn 명 자장면

MP3 W12-02

2 녹음을 듣고 내용과 일치하는 문장에는 O, 일치하지 않는 문장에는 X표 하세요.

① (   ) 他们今天吃韩国菜。

② (   ) 首尔餐厅卖烤肉。

③ (   ) 首尔餐厅的拌饭不好吃。

④ (   ) 首尔餐厅的菜便宜。

3 빈칸에 들어갈 양사를 쓰세요.

① 여동생 한 명　⋯▶　一 ☐ 妹妹

② 옷 한 벌　⋯▶　一 ☐ 衣服

③ 책 한 권　⋯▶　一 ☐ 书

④ 밥 한 그릇　⋯▶　一 ☐ 米饭

⑤ 식구 세 명　⋯▶　三 ☐ 人

⑥ 사과 한 근　⋯▶　一 ☐ 苹果

⑦ 콜라 한 병　⋯▶　一 ☐ 可乐

⑧ 물 한 잔　⋯▶　一 ☐ 水

4 다음 한국어 문장을 중국어로 번역해 보세요.

① 곧 12시예요.　⋯▶ _____

② 우리 밥 먹으러 갑시다.　⋯▶ _____

③ 당신은 뭐 먹고 싶어요?　⋯▶ _____

④ 당신은 중국요리 좋아하세요?　⋯▶ _____

⑤ 그곳의 요리는 맛있고 싸요.　⋯▶ _____

⑥ 밥 한 그릇 주세요.　⋯▶ _____

⑦ 다른 것도 원하시나요?　⋯▶ _____

이름 :

동양북스 채널에서 더 많은 도서 더 많은 이야기를 만나보세요!

외국어 출판 45년의 신뢰
외국어 전문 출판 그룹
동양북스가 만드는 책은 다릅니다.

45년의 쉼 없는 노력과 도전으로 책 만들기에 최선을 다해온
동양북스는 오늘도 미래의 가치에 투자하고 있습니다.
대한민국의 내일을 생각하는 도전 정신과 믿음으로 최선을 다하겠습니다.